ADAC
Reiseführer

Kalifornien

von Alexander Jürgens

☐ Intro

☐ Unterwegs

☐ Service

Leserforum

Die Meinung unserer Leserinnen und Leser ist wichtig, daher freuen wir uns von Ihnen zu hören. Wenn Ihnen dieser Reiseführer gefällt, wenn Sie Hinweise zu den Inhalten haben – Ergänzungs- und Verbesserungsvorschläge, Tipps und Korrekturen – dann kontaktieren Sie uns bitte:

Redaktion ADAC Reiseführer
ADAC Verlag GmbH
Am Westpark 8, 81365 München
Tel. 089/76 76 41 59
reisefuehrer@adac.de
www.adac.de/reisefuehrer

Kalifornien Impressionen

California Dreamin' – Träume werden wahr!

»Dies ist das Kalifornien, von dem die Menschen früher träumten, dies ist das Angesicht der Erde, wie der Schöpfer es gesehen haben wollte.«
Henry Miller

Das Wunderbare an Kalifornien ist, dass es einem schon so unendlich bekannt vorkommt, noch bevor man jemals dort gewesen ist. Kein Wunder, ist dieser Staat im Westen der USA doch allenthalben als **Erlebnisland** präsent. Das fing schon früh an. Seit den 60er-Jahren des 20. Jh. ertönen Lobgesänge – und sind bis heute in aller Ohren. Man denke nur an *The Mamas and the Papas* und ihren unvergänglichen Hit ›*California Dreamin'*‹! Zahllose weitere Musiker haben mit ihren Songs an der **Verherrlichung Kaliforniens** eifrig mitgestrickt. Und auch unzähli-

versetzt – nach Europa schwappen. Ein Land, das **Sehnsüchte** weckt und Glück verspricht – und glücklich ist, wer es selbst erleben darf!

Schwindel erregende Schönheit – Amerika von seiner besten Seite!

Kalifornien ist der **Traum von einem Reiseland** – Kalifornien, das ist Urlaub an einem der schönsten Flecken der Welt! Von den rauen Stränden und Klippen des Redwood National Park im *Norden* des Bundesstaates zieht sich die Küste spektakuläre 1600 km bis zur mexikanischen Grenze südlich von San Diego hin. Entlang der malerischen **Küste** führen Serpentinenstraßen – über weite Strecken der legendäre **Highway # 1**. Von den Routen bieten sich immer wieder Ausblicke auf abenteuerlich geformte *Felsen*, an denen sich die Wogen des Pazifik gischt-

ge Hollywood-Spielfilme oder TV-Serien, die längst *Kultstatus* besitzen, spielen vor kalifornischer Kulisse: Ob die Straßen von San Francisco, die bizarren Wüstenlandschaften von Death Valley oder die Traumstrände rund um Los Angeles – Kalifornien bietet viele bunte Bilder. Dass unzählige Trends, egal ob sie Mode, Sport oder Spaß betreffen, im sonnigen Staat am Pazifik entstehen, merkt man spätestens dann, wenn diese – natürlich zeit-

Oben: *Als hätte es Monet gemalt – Gold-mohn-Pracht im Antelope Valley der Mojave Desert*

Unten: *Als würden die Lichter nie ausgehen – Mega-Metropole Los Angeles*

Links unten: *Gekonnte Vorführung an der Promenade von Venice Beach*

reich brechen, auf *Küstenwälder*, die bis ans Wasser reichen und auf herrliche *Sandstrände*.

Im *Süden* des Bundesstaates werden die Strände breiter, und die kalte Meeres-strömung, die die Wassertemperaturen im Norden bestimmt, verliert ihre Kraft.

Zwischen Santa Barbara und San Diego wird nach Herzenslust gebadet und gesurft, hier ist eine ausgeprägte **Strandkultur** entstanden, deren Mythos von Musikgruppen und TV-Serien zusätzlich gefördert wird.

Von Norden nach Süden – Riesen im Märchenwald und endlose Einsamkeit

Kalifornien, dieses ›**gelobte Land**‹, geizt nicht mit Reizen und schon gar nicht mit Gegensätzen. Auch jede Menge **Superlative** gibt es im drittgrößten US-Bundesstaat: Neben den *ältesten* und *höchsten Bäumen* der Welt findet man den *tiefsten Punkt Amerikas* im heißen Death Valley. Neben den überschäumenden *Mega-Metropolen* **Los Angeles, San Francisco** und **San Diego** faszinieren verlassene *Goldgräber-Städtchen*. Neben der atemberaubenden, von Wind und Wasser zur Naturskulptur geformten *Küste* lockt der

grandiose *Hochgebirgssee* Lake Tahoe. Ein Land, mit vielen **Naturschönheiten** gesegnet. Kalifornien bietet für jeden Reisenden etwas: *Beach Boys* werden ebenso verwöhnt wie *wackere Wandersleut',* *Großstadtfans* finden ebenso Erfüllung wie *Freunde stiller Naturparadiese.* Hier genießt man **Kultur, Kulinarisches** und **Kurioses.** Amerika von seiner schönsten Seite!

Der **Norden** von Kalifornien steht nur selten auf dem Fahrplan von Rundreisen. Dabei sind die endlosen *Gebirgswälder* und die gewaltigen *Vulkane* wie der mystische Mount Shasta (4305 m) oder die Gipfel der Cascade Mountains im Lassen Volcanic National Park allein eine Reise wert. Dasselbe gilt auch für die Sequoia-Bäume, die *Redwoods*, die als Botschafter aus der Vergangenheit die heutigen

Links oben: *Wo der Wind Sandwellen formt – Death Valley*
Oben: *Wo Wellen zum Glücksgefühl verhelfen – Bucht von Santa Cruz*
Links Mitte: *Wo ›Propheten‹ wachsen – Joshua Tree National Park*
Links unten: *Wo man im Silberrausch schwelgte – Ghost town Calico*
Unten: *Wo Bäume riesige Tatzen haben – Yosemite National Park*

Besucher zum stillen Staunen bewegen: So gewaltig erscheinen die riesigen, zwischen 80 und 110 m großen Lebewesen, dass sie einst zu den Dinosauriern in einer richtigen Proportion gestanden haben mögen. Wenn der Mensch in den Wäldern der **Mammutbäume** spazieren geht, die in zwei Arten an der Küste von Nordkalifornien und den Westhängen der Sierra Nevada existieren, erscheint er dagegen winzig klein – wie ein *Zwerg im Märchenwald*! Die Hochgebirgsland-

schaft der **Sierra Nevada**, die von Ost nach West nur von wenigen Passstraßen durchquert wird, ist gleichfalls von märchenhafter Schönheit. In den **Nationalparks**, dem *Yosemite National Park* im Norden sowie den *Sequoia* und *Kings Canyon National Parks* im Süden fühlen sich Naturfreunde und Bergwanderer über alle Maßen wohl: Hier begeistern tiefe, von Wildwasser durchmessene *Schluchten*, gewaltige *Gletschertäler*, schäumende *Wasserfälle* und 3000 Jahre alte *Wälder* mit Mammutbäumen.

Auch die riesigen **Wüstengebiete** im Süden des *Golden State* sind von beeindruckendem Reiz: Dabei wechselt sich landschaftliche Vielfalt mit endlos einsamen Landstrichen ab. Die Bilder der erodierten *Landschaftsfurchen* von Zabriskie Point im *Death Valley*, die Impressionen von Joshua-Bäumen und La Cholla-Kakteen im abendlichen Licht und von lieblichen, von Bächen durchplätscherten *Palmenoasen* sowie der Anblick der abweisenden *Steinwüsten* in den Badlands der *Anza Borrego Desert* gehören zu den unauslöschlichen Reiseerinnerungen.

Symbol für menschliche Sehnsüchte

Vor mehr als 10 000 Jahren sind die ersten Menschen in Kalifornien angekommen. Die überreichlich vorhandene Nahrung, Pflanzen und Tiere in den Wäldern, Fische und Schalentiere in Seen, Flüssen und im Meer, hielt die Impulse für das Entstehen größerer hierarchischer Machtstrukturen und für kriegerische Auseinandersetzun-

ständnis: Der Spanier Garci Rodríguez de Montalvo hatte in seinem Romanzyklus ›Die Abenteur des Esplandián‹ eine von Amazonen bewohnte Insel namens Calpurnia beschrieben, »ein Land, in dem der Reichtum keine Grenzen kennt. Die Straßen sind mit Gold und Edelsteinen gepflastert. Seine Königin Califa herrscht milde über ein zufriedenes Volk«.

Seine Landsleute meinten eben diese Insel gefunden zu haben, als sie der Küste Kaliforniens angesichtig wurden. Rasch erwies sich, dass in Kalifornien ebensowenig Milch und Honig floßen wie in Europa, doch der Name blieb. Schon im 16. Jh. klafften also Schein und Sein Kaliforniens weit auseinander, und daran hat sich in den folgenden Jahrhunderten wenig geändert. Denn auch der große **Goldrausch** in den Jahren nach 1849, als Zehn-

gen zwischen Stämmen und Niederlassungen gering. Es war für alle genug zum Leben da. So fanden die **Spanier**, die Kalifornien als erste Europäer Mitte des 16. Jh. erkundeten, einen Flickenteppich von etwa 500 verschiedenen, sich selbst verwaltenden **indianischen Siedlungen** vor – etwa 300 000 Einwohner, die gut miteinander auskamen.

Wie die Indianer auch verdankt Kalifornien seinen Namen wohl einem Missver-

tausende auf der Suche nach dem schnellen Reichtum an die westlichen Flanken der *Sierra Nevada* strömten, hielt nur für die wenigsten, was er versprochen hatte.

Anything goes – Illusionen werden Wirklichkeit

Kalifornien war stets Boden für *Anschauungen*, *Wunschvorstellungen*, *Utopien* und *Illusionen* unterschiedlicher Art. Da

Oben: *Von Traumhäusern made in California*
Rechts oben: *Von bunten Bildern und steilen Straßen*
Mitte: *Von einem Symbol für Illusionen*
Unten: *Von langen Kleidern und Kicks für die Seele – Straßenleben in San Francisco*
Rechts unten: *Von kurzen Kleidern und Kicks für die Augen – Straßenleben in L. A.*

waren die **Naturschützer** um *John Muir*, die bereits 1890 den Schutz großer Gebiete in der *Sierra Nevada* als Nationalparks durchsetzten – zu einer Zeit, als auf die Natur allgemein noch wenig Rücksicht genommen wurde und ihre Gaben und Schätze als unerschöpflich galten. Oder ein *Bestseller-Autor* wie *Jack London*, der seine Ideale zu verwirklichen versuchte, indem er 1901 in Oakland für die Sozialistische Partei als Bürgermeisterkandidat ins Rennen ging – wenngleich erfolglos.

In den politisch unruhigen 1960er-Jahren entstanden in Kalifornien so unterschiedliche Bewegungen wie die der **Hippies**, die sich den gesellschaftlichen Zwängen und Konventionen durch eine sanfte und liebende Gegenkultur entzogen, und die der militanten **Black Panther Party**, die der andauernden Dis-

kriminierung der Farbigen mit Gesetzbruch und scharfer Munition begegnen wollte. Utopie fürs 21. Jh.: Im August 1987 versammelten sich **Spiritualisten** unterschiedlicher Richtungen am Mount Shasta im Norden des Bundesstaates, um gemeinsam den Übergang der Menschheit in das Zeitalter des Wassermanns, das *New Age*, zu feiern.

Wer will bei den heftigen Wendungen und Brüchen in der kurzen kalifornischen Geschichte schon postulieren, dass etwas nicht möglich ist? So ist auch der Wahlspruch ›*Anything goes*‹ der **Computerzauberer** aus dem *Silicon Valley* im Süden der San Francisco Bay, die ihre ersten Produkte in den Garagen ihrer Einfamilienhäuser entwickelten, nur eine weitere Spielart des kalifornischen Traums.

Der Reiseführer

Dieser Band präsentiert Kalifornien in *acht Kapiteln*. Im Haupttext sind den einzelnen Besichtigungspunkten **Praktische Hinweise** angegliedert mit Adressen von Touristeninformationen sowie einer Auswahl von Hotels und Restaurants. Auf die Höhepunkte bei Shopping, Stränden, Museen oder Wanderungen verweisen die **Top Tipps**. Detaillierte **Übersichtskarten** und **Stadtpläne** erleichtern die Orientierung. **Kalifornien aktuell A bis Z** informiert über Wissenswertes zu Anreise, Klima, Festen, Sport, Unterkunft und Verkehrsmitteln im Land. Angegliedert ist ein umfassender praktischer **Sprachführer**. Ein **Kaleidoskop** interessanter Kurzessays rundet den Reiseführer ab.

Geschichte, Kunst, Kultur im Überblick

Von Missionaren, Goldsuchern und Hippies, von Filmstars, Beach Boys und Computerfreunden

ab etwa 20 000 v. Chr. Jäger und Sammler aus Ostasien wandern über die während der Eiszeiten zugefrorene Beringstraße nach Nordamerika ein. Deren Nachkommen breiten sich im Laufe mehrerer Jahrtausende und vieler Generationen in Amerika aus und erreichen zwischen 12 000 und 9000 v. Chr. auch Kalifornien. Ab etwa 500 n. Chr. bilden sich historisch dokumentierte Indianerstämme.

1542 Juan Rodríguez Cabrillo erkundet im Auftrag der spanischen Krone die Pazifikküste nördl. von Mexiko und landet 50 Jahre nach der ›Entdeckung‹ Amerikas durch Christoph Columbus als erster Europäer beim heutigen San Diego. Zu dieser Zeit leben etwa 300 000 Indianer unterschiedlicher Stämme und Kulturen im Gebiet des heutigen Bundesstaates.

1579 Der Freibeuter Francis Drake gelangt mit seinem Schiff ›Golden Hinde‹ vermutlich in die Gegend nördlich der San Francisco Bay, tauft das Land ›Nova Albion‹, ›Neues England‹, und erklärt es kurzerhand zum Eigentum seiner Königin, Elisabeth I. von England.

1602 Sebastián Vizcaíno entdeckt die Bucht von Monterey.

1701 Der Missionar und Jesuitenpater Eusébio Francisco Kino gelangt auf dem Landweg von New Mexico und Arizona über den Colorado River auf das Gebiet des heutigen Kaliforniens.

1769 Russische Pelzhändler und -jäger haben ihr Jagdrevier von Alaska bis zu den Channel Islands vor Kalifornien ausgedehnt, und die Engländer, die nach der

Niederlage Frankreichs im Kolonialkrieg den Nordosten des Kontinents dominieren, richten ihre Blicke nunmehr auch nach Westen. Um ihren Besitzanspruch auf das heutige Kalifornien zu festigen, gründen die Spanier nördl. von Mexiko zahlreiche Missions-

Mission erfüllt: der spanische Franziskanerpater Junípero Serra

stationen und Presidios (Militärfestungen), die sich bis nach San Francisco erstrecken. Der Franziskanerpater Junípero Serra gründet die erste Missionskirche in San Diego und kurz darauf die Mission San Carlos Borromeo del Carmelo bei Monterey.

1776 Die Mission San Francisco de Asis wird gegründet, sie ist Keimzelle der späteren Stadt.

1777 Die spanische Krone erklärt Monterey zur Provinzhauptstadt ihres Territoriums Alta California.

1781 ›El Pueblo del Río de Nuestra Señora la Reína de los Angeles de Porciúncula‹ wird als landwirtschaftliche

Siedlung gegründet und bald darauf nur noch Los Angeles genannt. – Für die indianische Bevölkerung Kaliforniens beginnt mit der Kolonialisierung durch Spanien eine bittere Zeit. An der amerikanischen Westküste sind in erster Linie bislang unbekannte ansteckende Krankheiten wie Windpocken oder Masern für die hohe Todesrate unter den Ureinwohnern verantwortlich.

1812 Kaufleute der ›Russisch-Amerikanischen Gesellschaft‹ gründen Fort Ross.

1821 Nach einem elfjährigen Unabhängigkeitskampf sagt sich Mexiko von Spanien los. Alta California wird Provinz des mexikanischen Reiches.

1839 Der deutsche Einwanderer Johann August Suter aus Kandern in Baden benennt sich in John Augustus Sutter um, erwirbt die mexikanische Staatsbürgerschaft und ersteht große Ländereien in Kalifornien, in der Nähe des heutigen Sacramento. 1841 kauft Sutter die Niederlassung Fort Rossija von den abwandernden Russen und gliedert sie in seine Kolonie ›Neu-Helvetien‹ ein.

1846 Bear Flag Revolt (›Bärenflaggen-Revolte‹): Amerikanische Siedler in Sonoma nördl. von San Francisco rebellieren gegen die mexikanische Herrschaft, indem sie die ›Bärenflagge‹ – noch heute offizielle Staatsflagge – hissen und die unabhängige Republik Kalifornien ausrufen. Damit beginnt der Krieg der USA gegen Mexiko.

1848 Nach seiner Niederlage im mexikanisch-amerikanischen Krieg verliert Mexiko die Hälfte seines Territoriums, darunter auch

Kalifornien, an die USA. – Auf dem Besitz von Sutter in der Sierra Nevada wird Gold gefunden. Die Funde sprechen sich schnell herum, Tausende von Goldsuchern kommen ins Land.

1849 Aus aller Welt eilen die sog. Forty-niners nach Kalifornien und gründen Minenstädte im Gebiet der Goldfunde. Auch wenn der Goldrausch nicht lange anhält, wächst die Bevölkerung explosionsartig an. San Francisco entwickelt sich vom kleinen Ort mit 600 Einwohnern (1848) zur pulsierenden Stadt mit nunmehr 25 000 Einwohnern.

1850 Kalifornien wird 31. Bundesstaat der USA. Die Zahl der indianischen Einwohner sinkt unter 80 000.

1854 Sacramento wird Hauptstadt von Kalifornien.

1860 Kalifornien zählt über 350 000 weiße Siedler. Seit dem Goldrausch hat sich die Zahl der Eingewanderten damit versechsfacht.

1861–65 Bürgerkrieg in den USA: Kalifornien lehnt die Sklaverei ab und bleibt der Union gegenüber loyal.

1862 New York und San Francisco sind durch eine Telegraphen-Linie miteinander verbunden.

1869 Bei Promontory Point in Utah treffen sich die Schienen der Central Pacific mit denen der Union Pacific. Die erste transkontinentale Eisenbahnverbindung – zwischen Kalifornien und der Ostküste – ist damit hergestellt. Chinesische Arbeiter haben einen Großteil des Projekts verwirklicht, viele lassen sich anschließend in San Francisco nieder.

1873 In San Francisco, das jetzt etwa 150 000 Einwohner hat, rollen die ersten Cable Cars.

1880 Kalifornien zählt 865 000 Einwohner: In San Francisco leben 235 000, in Los Angeles 11 000 Menschen.

1885 Die Santa Fe Railroad erreicht Los Angeles und bald darauf San Diego. Damit ist auch der Süden von Kalifornien an das Eisenbahnnetz angeschlossen. Los Angeles beginnt rasch zu wachsen.

1891 Spenden des Eisenbahn-Tycoons Leland Stanford ermöglichen die Gründung der Stanford University in Palo Alto. – In Los Angeles wird die erste Ölquelle entdeckt.

1892 John Muir gründet mit gleichgesinnten Naturschützern den Sierra Club, dessen Vorsitzender er bis zu seinem Tode 1914 bleibt.

1900 Kalifornien hat 1 485 000 Einwohner, in San Francisco leben 345 000, in Los Angeles etwas mehr als 100 000 Menschen.

1906 Ein gewaltiges, nicht einmal 60 Sekunden dauerndes Erdbeben (8,3 Punkte auf der Richter-Skala) erschüttert am 18. April San Francisco und Nordkalifornien. Das Beben und die

Im Rausch – ab 1849 versuch- ▷ *ten eifrige Goldwäscher ihr Glück*

darauf folgenden Flächenbrände zerstören den größten Teil der Stadt am Golden Gate. 250 000 Menschen verlieren ihre Bleibe.

1908 In Los Angeles wird der erste (Stumm-)Film gedreht.

1911 David Horsley eröffnet in Hollywood das erste Filmstudio.

1920 In Kalifornien leben 3 430 000 Menschen. Los Angeles (575 000) überflügelt San Francisco (507 000) erstmals in Bezug auf die Einwohnerzahl.

1925 Ein schweres Erdbeben erschüttert Santa Barbara.

1927 Der erste ›Talkie‹, der in Hollywood gedrehte Tonfilm ›The Jazz Singer‹ mit Al Johnson in der Hauptrolle, wird zu einem Riesenerfolg.

1929 Die Weltwirtschaftskrise führt auch in Kalifornien zu lang anhaltender ökonomischer und sozialer Depression. – In Hollywood werden zum ersten Mal ›Oscars‹ für herausragende filmische Leistungen verliehen.

1932 Los Angeles ist Schauplatz der ersten Olympischen Spiele auf dem amerikanischen Kontinent.

1930–36 Verheerende Stürme, ausgelaugte Böden und die allgemeine Wirtschaftskrise lösen einen Exodus von Bauern und Landarbeitern aus dem mittleren Westen (›Dust Bowl‹) nach Kalifornien aus. Vergeblich ist ihre Hoffnung, dort das ›gelobte Land‹ zu finden. – Der spätere Nobelpreisträger John Steinbeck setzt in seinem Roman ›Tortilla Flat‹ den kleinen Leuten von Monterey ein literarisches Denkmal.

1936/37 Die Eröffnung der Oakland Bay Bridge und der Golden Gate Bridge trägt zur wirtschaftlichen Belebung der Bay Region von San Francisco bei.

1938 In einer Garage in Palo Alto konstruieren William Hewlett und David Packard die ersten elektronischen Geräte.

1941/42 Nach dem japanischen Angriff auf Pearl Harbor, Marinehafen der USA auf Hawaii, treten die USA aktiv in den Zweiten Weltkrieg ein. In den folgenden Jahren siedeln sich aus Deutschland emigrierte Intellektuelle und Künstler wie Thomas Mann, Bertolt Brecht, Arnold Schönberg, Lion Feuchtwanger und Marlene Dietrich in Kalifornien an.

1945 In San Francisco tritt die konstituierende Versammlung der Vereinten Nationen (UN) zusammen, die Nachfolgeorganisation des gescheiterten Völkerbundes.

1947 Der Kongress-Ausschuss gegen ›Unamerikanische Aktivitäten‹ beginnt seine Verhöre in Hollywood: Prominente Filmschauspieler, Regisseure und Autoren werden kommunistischer Aktivitäten verdächtigt.

1950 Kalifornien zählt 10 643 000 Einwohner.

1955 Der Vergnügungspark Disneyland, ›Königreich des Vergnügens‹, wird in Anaheim bei Los Angeles eröffnet.

1960 Die Olympischen Winterspiele finden in Squaw Valley, nahe Lake Tahoe in der Sierra Nevada, statt. Walt Disney organisiert die Eröffnungsfeier.

1961–64 Die kalifornische Pop-Gruppe Beach Boys erobert mit Titeln wie ›Surfin' USA‹ und ›Fun, Fun, Fun‹, die den Traum von einem angenehmen Leben unter kalifornischer Sonne propagieren, die internationalen Hitparaden.

1964 Erste große Studentenproteste in Berkeley.

1966 Radikale Schwarze gründen in Oakland die militante ›Black Panther Party‹.

1967 Proteste gegen den Vietnamkrieg. Hippies rufen den ›Summer of Love‹ aus – in San Francisco boomt die Flower Power-Bewegung.

1968 In Los Angeles kommt Robert Kennedy, der aussichtsreiche Präsidentschaftskandidat der Demokratischen Partei und Bruder des ermordeten Präsidenten John F. Kennedy, bei einem Attentat ums Leben.

1969 Der Republikaner Richard Nixon, ein gebürtiger Kalifornier, wird zum 36. Präsidenten der USA gewählt. Er muss wegen seiner Verwicklung in die Watergate-Affäre, den Einbruch in das Wahlkampfzentrum der Demokratischen Partei, am 8. August 1974 als erster amerikanischer Präsident zurücktreten.

Schon 1924 beliebt –
eine Spritztour auf dem
Mulholland Drive zum
Hollywoodland

1970 Die Einwohnerzahl von Kalifornien ist auf 20 039 000 gestiegen.

1971 Der Fall Charles Manson, der zusammen mit seinen Anhängern sieben Menschen tötet, darunter Sharon Tate, die Frau von Roman Polanski, erregt internationales Aufsehen. – Der Journalist Don Hoefler prägt den Begriff Silicon Valley für die High-Tech-Regiron um San Jose.

1975 In der Nähe von San Jose werden in kleinen Werkstätten große Schritte ins Computerzeitalter unternommen: Steve Jobs gründet mit zwei Freunden die Firma Apple Computer Inc.

1980 Der frühere Hollywood-Schauspieler Ronald Reagan, in den Jahren 1966–75 Gouverneur von Kalifornien, wird zum 40. Präsidenten der USA gewählt und erhält auch 1984 die Mehrheit der Stimmen. In Kalifornien leben 23 780 000 Menschen.

1984 Die Olympischen Sommerspiele finden wiederum in Los Angeles statt. Sie werden von der UdSSR und anderen Staaten des Warschauer Vertrages boykottiert.

1989 Das Loma-Prieta-Erdbebenerschüttert die San Francisco Bay Area. Mit 7,1 Punkten auf der Richter-Skala ist es das schwerste seit dem großen Beben von 1906. Es fordert 63 Tote und verursacht Sachschäden in Höhe von 6 Mrd. Dollar.

1992 Der Freispruch für zwei Polizisten, die einen farbigen Autofahrer misshandelt hatten, löst schwere Rassenunruhen u. a. in Los Angeles aus.

1995 Der einstige Footballstar und Schauspieler O. J. Simpson, der 1994 wegen der Ermordung seiner früheren Frau und deren Freundes angeklagt worden war, wird in einem über die Grenzen der USA hinaus Aufsehen erregenden Strafprozess freigesprochen.

1997 Eröffnung des J. Paul Getty Center bei Brentwood.

1998 Events erinnern an die ersten Goldfunde in Kalifonien vor 150 Jahren.

1999 Lego eröffnet im Frühjahr in Carlsbad bei San Diego seinen ersten Vergnügungspark außerhalb von Europa.

2001 Eine verfehlte Energiepolitik führt in Kalifornien zu einer Energiekrise mit zeitweiligen Stromabschaltungen.

2003 Der Schauspieler Arnold Schwarzenegger wird als Kandidat der Republikaner neuer Gouverneur.

2004 Am 5. Juni stirbt Ex-Präsident Ronald Reagan im Alter von 93 Jahren bei Los Angeles. Er wird im kalifornischen Simi Valley beigesetzt.

2007 Gouverneur Arnold Schwarzenegger entdeckt Umweltpolitik und Klimawandel für seine Politik und beschließt die Einführung eines Emissionshandels in Kalifornien ab 2010. – Das Getty Museum in L.A. muss 40 antike Kunstwerke die aus Raubgrabungen stammen, an Italien zurückgeben.

2008 Fallende Immobilienpreise in den USA lösen eine weltweite Finanzkrise aus. In Kalifornien steigt in Folge die Zahl der Zwangsversteigerungen rapide an.

Ständig präsent – ein Mega-
Erdbeben gab es 1989 in der
San Francisco Bay Area

*Liebe auf den ersten Blick –
San Francisco vom jungen
Sonnenlicht geküsst*

Unterwegs

San Francisco –
wer ist die Schönste im ganzen Land?

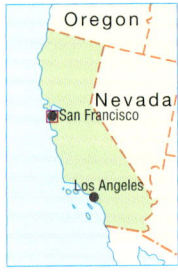

San Francisco – ein **magischer Ort**, der Sehnsüchte weckt und Reiseträume erfüllt. Eine Fahrt mit der ratternden Cable Car über steile Hügel, von denen sich herrliche Aussichten bieten, stimmt ein auf die vielen Schönheiten der Stadt. San Francisco, das bei den Bewohnern schlicht *The City* heißt, wird von den Amerikanern jedes Jahr aufs Neue zur beliebtesten Stadt der USA gewählt.

Die **Stadt am Golden Gate** gehört zu den bevorzugten Reisezielen weltweit. Ihresgleichen sucht die prominente Lage am Eingang zur weitläufigen San Francisco Bay, an deren Hängen sich die Häuser der Metropole emporranken. Bemerkenswert ist auch die Mischung aus viktorianischer und moderner Architektur und das bunte Sammelsurium der unterschiedlichsten Kulturen und Lebensstile, die in San Francisco einträchtig nebeneinander existieren. Wer die bekanntesten Attraktionen der Stadt zwischen **Fisherman's Wharf** im Norden und dem Trend-Viertel **South of Market** im Süden zu Fuß erkunden will, macht gleichzeitig eine Weltreise durch die Kulturen der Erde. Die *kulturelle Vielfalt* von San Francisco hat die Stadt gleichzeitig zu einem *kulinarischen Mekka* werden lassen. Selten werden Sie irgendwo anders so viele Spitzenrestaurants auf einem Fleck finden!

1 San Francisco *Plan S. 22, 30*

Traumstadt mit der berühmtesten Brücke der Welt.

Schon die Lage ist wunderbar: San Francisco (780 000 Einw.) liegt auf einer Landzunge zwischen dem Pazifik und der weitläufigen San Francisco Bay. Wenn sich dichter Nebel wie ein unheimliches Lebewesen über die Stadt zu legen beginnt, vom kalten Pazifik in Schwaden hereinströmt, scheint das Ende aller Hoffnungen nahe. Doch sobald die Sonne durch die Wolken blitzt, leuchtet das Wasser der Bay in strahlendem Blau mit den gläsernen Fassaden der Hochhäuser des Financial District um die Wette. Die Wandlung ist perfekt.

Rauschmittel Gold

Die Stadt wurde im Chaos geboren. Nicht der 29. Juni 1776, an dem die Spanier die erste Messe in der roh errichteten Mission San Francisco de Asis feierten, dürfte als ihr Gründungsdatum gelten. Auch nicht das Jahr 1835, als der englische Kapitän William Richardson die Siedlung Yerba Buena, die zweite Keimzelle von San Francisco, gründete. Nein, eigentlich war es der 28. Januar 1848. An diesem denkwürdigen Tag nämlich fand ein Mann namens James Marshall die ersten **Goldnuggets** im American River auf dem Besitz von John Sutter östl. von Sacramento. Nachdem sich die Funde in Windeseile herumgesprochen hatten – und vom scheidenden amerikanischen Präsidenten Polk noch höchstpersönlich bestätigt worden waren –, begann ein *Run* auf das Territorium, das die USA gerade als Trophäe im Krieg gegen Mexiko gewonnen hatten. Die *Forty-niners* kamen – eben im Jahr 1849 – über die Rocky Mountains und durch die Wüsten, sie schlugen sich durch die Urwälder Mittelamerikas nach Westen oder segelten um Kap Hoorn. Für viele war San Francisco bereits die Endstation. Die 600-Seelen-Siedlung mit dem kleinen Hafen wuchs innerhalb weniger Monate zu einer Stadt von 25 000 Menschen heran. Im Hafenviertel gab es 500 Kneipen, in denen die Goldsucher ihre Funde in Whiskey umsetzten. San Francisco war zu jener Zeit ein **Sündenpfuhl**, hier wurden mit dem Betrieb von Freudenhäusern, Restaurants und Hotels größere Vermögen gemacht als in den Bergen mit Schaufel und Sieb auf der Suche nach Gold.

Dezentes Make up: ›Painted Ladies‹, geschminkte Damen, nennt man die pastellfarbigen Häuser am Alamo Square. Im Hintergrund das illuminierte Zentrum San Franciscos

Erster Untergang

1890 war San Francisco bereits eine Großstadt mit 300 000 Einwohnern, die weiter zügig wuchs durch Immigranten aus dem Osten des Kontinents und weitere Einwanderer aus aller Herren Länder, insbesondere aus Asien. Ethnische Spannungen blieben da nicht aus, besonders im 19. Jh. kam es zu antichinesische Krawallen.

Nicht nur in der Bevölkerung rumorte es gelegentlich, auch unter der Erde der Stadt machte sich Anfang des 20. Jh. ein Grummeln und Schütteln bemerkbar. Am 18. April 1906 war es dann soweit: Ein gewaltiges **Erdbeben** (8,3 auf der Richter-Skala) erschütterte die Stadt. Es war allerdings nicht das Beben selbst, dem die meisten Menschen zum Opfer fielen, es waren die nachfolgenden **Brände**, die in drei Tagen und Nächten einen Großteil der Stadt zerstörten, 250 000 Häuser in Schutt und Asche legten und 452 Menschen das Leben kosteten.

Wie Phönix aus der Asche

Doch bereits zur *Panama-Pazifik-Ausstellung* 1915 präsentierte sich den Besuchern eine in weiten Teilen wieder aufgebaute Stadt. In den 30er-Jahren des 20. Jh. wurde das Civic Center mit dem Rathaus erneuert. 1936 und 1937 erhielt San Francisco mit der **San Francisco-Oakland Bay Bridge** und der **Golden Gate Bridge** nicht nur zwei neue *Wahrzeichen*, sondern zudem die lang ersehn-

Flower Power – modernes Blumenkind im Golden Gate Park

te Straßenverbindung zur östl. und nördl. Seite der Bucht. Kein Wunder, dass der mythische Vogel *Phönix*, der sich aus der Asche zu neuem Leben erhebt, zum Symbol der Stadt wurde. Kein Wunder aber auch, dass das Warten auf ein nächstes Riesenbeben – *The Big One* – seit der dra-

matischen Erfahrung vor rund 100 Jahren Bestandteil des öffentlichen Lebens geblieben ist.

Herzschlag einer neuen Generation

Ganz ohne Zweifel ist San Francisco neben New York die weltoffenste, toleranteste Stadt der Vereinigten Staaten. Schon vor dem Zweiten Weltkrieg eröffneten hier die ersten Bars für **Schwule** und **Lesben**, andernorts ein undenkbarer Vorgang. Nach Kriegsende 1945 blieb mancher Soldat, der bei der Armee seine Vorliebe für das gleiche Geschlecht entdeckt hatte, im damals bedeutendsten Kriegshafen an der Westküste Amerikas, anstatt in seine spießbürgerliche Heimat zurückzukehren. Von San Francisco aus kämpften die Homosexuellen seit den 1950er-Jahren für ihre Bürgerrechte, und in den 1970ern schienen sie viele ihrer Ziele erreicht zu haben. Heute schätzt man den Anteil der Homosexuellen auf etwa 25 % der Stadtbevölkerung.

Auch eine Gruppe junger Schriftsteller und Autoren um Alan Ginsberg und Jack Kerouac machte die Stadt in den 1950er-Jahren zu ihrem Fluchtpunkt. Ihre Angehörigen nannten sich die **Beat Gene-**

Der Fluch des hl. Andreas

Sie gehört zu Kalifornien ebenso wie die Lust, die sonnige Seite des Lebens ausgiebig zu genießen – die Angst vor dem **Erdbeben**. So wurde Los Angeles 1994 von heftigen Erdstößen erschüttert. Das Beben dauerte zwar nur 45 Sekunden, doch stürzten Häuser und Autobahnbrücken ein, etwa 60 Menschen starben, die Sachschäden betrugen viele Milliarden Dollar. Auch im September 2002 registrierte man wieder einen Beben der Stärke 4,6 östlich der Metropole.

Schon immer hat es in Kalifornien Erdbeben gegeben. Das schlimmste erlebten die Franciscans 1906, als ihre Stadt durch ein verheerendes Beben und die nachfolgenden Brände fast völlig zerstört wurde.

Warum kommt es in Kalifornien überhaupt zu diesen Beben? Vor 250 Mio. Jahren bestand die Erde aus einem Riesenkontinent in einem einzigen Ozean. Durch die Erdrotation brach jener schließlich auseinander, und es bildeten sich neue Kontinente. Vor al-

lem seit der Trennung der nordamerikanischen Landmasse von der europäischen vor rund 60 Mio. Jahren reiben die **Nordamerikanische** und die **Pazifische Erdplatte**, zwei riesige, bis zu 300 km dicke Kontinentalschollen, aneinander und erzeugen tektonische Spannungen. Direkt neben dem **San-Andreas-Graben**, der Linie, an der sich die Platten verkanten und dann wieder voneinander losreißen, liegt San Francisco – die Stadt war in Unkenntnis dieser Gegebenheiten entstanden. Der Graben ist indes nur eine der Bruchzonen in Kalifornien. Weitere kleine Verwerfungen im Südwesten sorgen regelmäßig für kaum spürbare Mini-Beben. Alle ein bis zwei Jahrhunderte, so die Wissenschaftler, muss man mit **The Big One** rechnen – dem gewaltigen Beben, das eine Millionenstadt in Schutt und Asche legen kann. Wann es kommt, weiß keiner. Und man redet auch nicht gerne darüber. Lieber genießt man jeden Tag. Weil schon morgen alles anders sein kann.

Von allen Seiten schön: Blick auf den Financial District, der von der 48-stöckigen Transamerica Pyramid, dem höchsten Gebäude der Stadt, beherrscht wird

ration, die den *Herzschlag einer neuen Generation* in Literatur umsetzen wollte. In provozierenden *Gedichten* und *Theaterstücken* prangerten die *Beatniks* die Prinzipien des Kapitalismus an, schrieben gegen die Unterdrückung der schwarzen Bevölkerung und propagierten ein Leben jenseits aller Konventionen.

In den 1960er-Jahren avancierte San Francisco zum Zentrum einer neuen Bewegung. **Hippies**, die sich mit Wahlsprüchen wie *Flower Power* und *Make Love not War* dem Gesellschaftssystem der USA und der Teilnahme am Vietnamkrieg verweigerten, erkoren die Stadt zu ihrem Zentrum. Den Stadtteil Haight-Ashbury machten sie zu ihrem Wohnort. Höhepunkt der Bewegung war der legendäre *Summer of Love*, der 1967 rund 500 000 junge Leute in die Stadt lockte.

Für die schwule Community brachten die 1980er-Jahre einen großen Einschnitt: Die Immunschwächekrankheit **AIDS** traf zunächst vor allem Homosexuelle, und angesichts fehlender medizinischer Hilfs-mittel erkrankten und starben Tausende. Seither ist die alte Unbekümmertheit verschwunden, doch dank erfolgreicher Aufklärungskampagnen und der Arbeit vieler Selbsthilfegruppen konnte die Schwulenszene die tödliche Bedrohung überstehen.

Ratterndes Wahrzeichen

Auch wenn San Francisco nicht so weitläufig ist wie New York oder Los Angeles, sollte man die Entfernungen nicht unterschätzen. Das Auto kann man trotzdem getrost stehenlassen, denn San Francisco hat im Gegensatz zu vielen anderen amerikanischen Städten ein gutes öffentliches Nahverkehrssystem. Dessen Aushängeschild ist die **Cable Car**, die seit 1873 im Einsatz ist. Sie befördert auf drei Routen Städter und Touristen hügelauf und hügelab. Am beliebtesten ist die *Powell-Hyde Line*, die von der Market Street bis zur Fisherman's Wharf führt und schöne Ausblicke über die Bay und auf die Insel Alcatraz ermöglicht.

◁ *Gut festhalten! Tal- und Bergfahrten mit der Cable Car gehören in San Francisco zum Pflichtprogramm. Im Hintergrund die Gefängnisinsel Alcatraz*

Bis 1906 wurde das Streckennetz auf 180 km ausgebaut, es fuhren 600 Wagen mit 15 km/h durch die steilen Straßen. Das große Erdbeben in jenem Jahr verursachte starke Schäden an der Fahrtechnik auf und unter den Straßen, die Entwicklung des Automobils machte Cable Cars bald überflüssig. Die Stadtverwaltung scheiterte jedoch mit mehreren Versuchen, die altertümlichen Gefährte einzumotten am hartnäckigen Protest der Bürger. Das **Cable Car Museum** ❶ (1201 Mason St./ Washington St.,   www.cablecarmuseum.

com, Tel. 415/474-18 87, April–Sept. tgl. 10–18 Uhr, Okt.–März tgl. 10–17 Uhr) dokumentiert anschaulich und unterhaltsam die Geschichte und den gegenwärtigen Standard des Transportsystems.

Union Square – Zentrum für Kaufwillige

Der von Palmen bestandene und mit kleinen Plazas dekorierte **Union Square** ❷ ist der Mittelpunkt des Einkaufsviertels nördl. der Market Street und wichtiger *Orientierungspunkt* für Stadterkundungen. Die renommierten Edel-Kaufhäuser *Macy's* und *Neiman-Marcus* befinden sich an der Südseite des Platzes; *Saks Fifth Avenue* hat einen Logenplatz an der Nordseite des Union Square. Vom ›sportlichen‹ *Nike Town* und einem *Virgin Megastore* über Niederlassungen europäischer Designershops bis zur riesigen Buchhandlung *Borders* reicht das fantastische Warenangebot zwischen Union Square und Market Street. Ergänzt wird dieses Dorado für Kaufwillige vom **Top TIPP** **San Francisco Centre** beim Drehteller der Cable Car am Fuß der Powell Street. In diesem teils europäischelegant, teils hochmodern anmutenden Konsumpalast findet man in mehr als 430 Geschäften alles, was das Herz begehrt.

Die vier Blocks nördl. und westl. des Union Square weisen die höchste Konzentration an *Hotels* in der City auf.

Market Street und South of Market (SoMa) – wo die Avantgarde zu Hause ist

Die diagonal angelegte **Market Street** ❸ zieht sich vom **Ferry Building** ❹ an der Bay, dessen 70 m hoher Glockenturm jenem der Kathedrale in Sevilla nachempfunden ist und der bisher jedes Erdbeben überstanden hat, bis weit in den Mission District nach Südwesten. Sie durchquert zunächst das Bankenviertel des *Financial Center*, passiert dann die Einkaufspassagen der Union Square Area und führt schließlich vorbei an Rathaus, Veranstaltungs- und Verwaltungsgebäude des **Civic Center** ❺. Die Plaza wird von der pompösen, im neoklassizistischen Stil erbauten *City Hall* (Rathaus) dominiert. Der Säulenbau wird bekrönt von einer 96 m hohen Kuppel, die der des Petersdoms in Rom nacheifert. Hinter dem Rathaus erheben sich das 1932 erbaute *War Memorial Opera House*, in dem sich 1945 die Vereinten Nationen (UNO) gründeten, sowie das *Veterans Building*

Kunstvoller Konsumtempel: Edel-Kaufhaus Neiman-Marcus am Union Square

Gesundes und Pompöses: Gemüsemarkt vor der City Hall

und die im postmodernen Stil gestaltete *Davies Symphony Hall*. Auf der gegenüberliegenden Seite des Platzes, im Gebäude der ehem. Main Public Library, zeigt das **Asian Art Museum** ❻ (200 Larkin St., Tel. 415/581-35 00, www.asianart. org, Di–So 10–17, Do 10–21 Uhr) die Sammlung des Industriellen und langjährigen IOC-Präsidenten Avery Brundage (1887–1975). Er trug mehr als 13 000 Exponate aus 6000 Jahren Kultur- und Kunstgeschichte Asiens zusammen.

Die Gegend südl. der Market Street mit ihren alten Lagerhallen und Werkstätten galt lange als ›Hinterhof‹ der Stadt. Das hat sich längst geändert: **South of Market**, kurz **SoMa**, gilt als Avantgarde-Viertel. Die Restaurants, Cafés, Theater, Musikclubs, Galerien und Boutiquen in den umgebauten Lagerhallen ziehen ein junges Publikum an. Vorübergehend hat dort auch die **California Academy of**

Rechts: *Gute Aussichten – Yerba Buena Center im Trend-Viertel South of Market*
Unten: *Die Transamerica Pyramid sieht aus wie eine umgestülpte Tüte und ist ein Wahrzeichen der Stadt*

Sciences ❼ (875 Howard St., Tel. 415/750-71 45, www.calacademy.org, tgl. 10–17 Uhr) ein Ausweichquartier gefunden. Die zur Akademie gehörigen *Steinhart Aquarium* und *Natural History Museum* präsentieren Teile ihrer eindrucksvollen Ausstellungen zur Fauna der (Unterwasser-)Welt. 2008 wird die Akademie in einen Neubau im Golden Gate Park (s. S. 32) ziehen.

Folgt man der Howard Street nach Nordosten, so ist rasch die riesige Messe- und Kongressanlage **Moscone Convention Center** ❽, erreicht, die den gesamten Block zwischen 3rd und 4th Street einnimmt.

Den Block auf der anderen Seite der Howard Street nehmen neben dem Metreon, einem Shoppingcenter mit angegliedertem Kino, zwei Kultureinrichtungen ein. Der skulpturengeschmückte **Yerba Buena Gardens** ❾ lädt zum Bummeln, der Veranstaltungskomplex **Yerba Buena Center for the Arts** ❿ (701 Mission St., Tel. 415/978-27 87, www.ybca.org, Galerien Di, Mi, Fr–So 12–17 Uhr, Do 12–20 Uhr) verfügt über Galerien, ein Filmzentrum, ein Theater und Cafés.

TOP TIPP Direkt gegenüber des Center for the Arts residiert das **San Francisco Museum of Modern Art** ⑪ (151 3rd St., Tel. 415/357-40 00, www.sfmoma.org, sommers Fr–Di 10–17.45, Do 10–20.45 Uhr, winters Fr–Di 11–17.45, Do 11–20.45 Uhr), kurz SFMOMA. Der Schweizer Mario Botta entwarf den spektakulären Museumsbau von 1994. Die Sammlung präsentiert amerikanische und europäische *Kunst des 20. und 21. Jh.* mit Schwerpunkt Malerei. Man sieht Klassiker der Moderne von Warhol, Rauschenberg und Lichtenstein, Meisterwerke von Picasso, Matisse, Chagall und Klee. Eine eigene Abteilung ist der *Fotografie* gewidmet.

Im **Cartoon Art Museum** ⑫ (655 Mission St., Tel. 415/227-86 66, www.cartoon art.org, Di–So 11–17 Uhr) wiederum kann man die Entstehung eines Cartoons nachvollziehen – von der Idee bis hin zum Comic Strip oder Film.

Östlich von SoMa schließt sich mit dem *City Front District* ein weiteres Stadtviertel an, das eine allmähliche Aufwertung erfährt. Hier befinden sich zahlreiche Galerien und Nachtclubs.

Die Interstate 80 durchschneidet den südl. Teil von SoMa. Sie führt über die gebührenpflichtige doppelstöckige **San Francisco-Oakland Bay Bridge** ⑬ nach Oakland auf die Ostseite der Bucht.

Financial District und Embarcadero – Manhattan lässt grüßen!

Nördl. der Market Street und östl. vom Union Square befindet sich der **Financial District** der Stadt. Die meisten Gebäude wurden in den 1970er- und 80er-Jahren hochgezogen. Dieser Beitrag zur Stadtarchitektur, der sich durch glitzernde, hoch aufragende *Wolkenkratzer* von Banken und Versicherungen auszeichnet, wird auch mit dem eher abfälligen Begriff ›Manhattanisierung‹ belegt. Vom *Carnelian Room* (Tel. 415/433-75 00) im 52. Stockwerk der aus dunklem Granit erbauten Zentrale der kalifornischen **Bank of America** ⑭ kann man abends bei einem Drink das Panorama der Stadt genießen. Der als erdbebensicher deklarierte, spitz zulaufende Büroturm **Transamerica Pyramid** ⑮ gehört nach langen, kontrovers geführten öffentlichen Debatten inzwischen aner-

Willkommen in China – in San Francisco macht der Besucher eine Reise durch Asien

kanntermaßen zum Stadtbild. Im **Wells Fargo Bank History Museum** 🔟 (420 Montgomery St., Tel. 415/396-26 19, Mo–Fr 9–17 Uhr) wird mit Ausstellungsstücken wie Gold Nuggets, Western-Kunst und einer alten Postkutsche, die immerhin bis zu 20 Personen befördern konnte, die *Zeit des Goldrausches* beschworen.

Der große Komplex des **Embarcadero Center** 🔟 zwischen dem östl. Rand des Financial District und der Bay vereinigt *Bürohochhäuser, Einkaufspassagen, Restaurants* und *Cafés*. Das 1973 von John Portman entworfene *Hyatt Regency Hotel*

(5 Embarcadero Center) beeindruckt mit einer 17 Etagen hohen Lobby, in der gläserne Fahrstühle hinauf- und hinabgleiten, und einer Atriumhalle von der Größe eines Fußballfeldes.

Chinatown – im Zeichen des Drachens

San Francisco ist die Heimat der größten chinesischen Gemeinde außerhalb Asiens. In dem traditionellen Wohnviertel von **Chinatown** 🔟, acht Straßenzügen, die von der Bush Street und dem Broadway, der Kearny und der Powell Street be-

Guten Appetit – in Chinatown kann man asiatische Spezialitäten genießen

Gutes Gelingen – Chinesin beim Volkssport T'ai Chi im Huntington Park

grenzt werden, leben etwa 80 000 Menschen, der größte Teil der chinesischstämmigen Bevölkerung von San Francisco ist inzwischen allerdings in anderen Stadtvierteln zu Hause. In der Grant Avenue, am Waverly Place und in der Stockton Street reihen sich Gemüsegeschäfte, Fleischereien, Bäckereien, Restaurants, Suppenküchen, Kunstgewerbe-, Kitsch- und Souvenirläden aneinander.

Nahe dem Union Square tritt man durch das farbenprächtige *Drachentor* auf die Grant Avenue, die quirlige Hauptstraße des Viertels. Viele Häuser in Chinatown sind mit Pagodendachern geschmückt, selbst die Telefonzellen und die Straßenlaternen sind mit chinesischem Dekor verziert. Eine wahre Dekoflut bieten natürlich die Souvenirläden. Besonders authentisch ist das Geschäft *Dragon House Antiques* (Tel. 415/781-23 51, 55 Grant Avenue) mit seinem wundervollen Angebot (echten) chinesischen Kunstgewerbes.

Die *Statue* des Chinesen *Sun Jat-sen* bei der Old St. Mary's Church erinnert an die zweijährige Exilzeit, die der chinesische Revolutionär und Staatsmann in San Francisco verbrachte. Auf dem *Portsmouth Square*, der durch eine Fußgängerbrücke mit dem Holiday Inn Chinatown und dem darin befindlichen *Chinese Cultural Center* auf der gegenüberliegenden Seite der Kearny Street verbunden ist, herrscht den ganzen Tag Trubel. Frühmorgens kann man Chinesen aller Altersgruppen beim meditativen *T'ai Chi* beobachten, später treffen sich die älteren Herren zu gemütlichen *Mah-Jongg* Runden.

Die *Chinese Historical Society of America* (965 Clay St., Tel. 415/391-11 88, www.chsa.org, Di–Fr 12–17 Uhr, Sa 12–16 Uhr) zeigt in einer kleinen, interessanten Ausstellung die Geschichte der chinesischen Immigranten und bietet Stadtführungen an. Der *Tien Hou Temple* am Waverly Place, der mit der nötigen Diskretion auch von Besuchern betreten werden kann, gibt einen Eindruck von der buddhistischen Glaubenswelt. Einen Glückskeks sollte man hier unbedingt probieren.

Versäumen Sie nicht, in Chinatown zu essen! Wer die gängigen europäischen China-Restaurants kennt, dürfte die gehaltvoll gewürzten chinesischen Speisen unterschiedlicher Kochtraditionen wie eine Offenbarung empfinden.

Nob Hill – alles nobel!

Wer will entscheiden, ob der Name für den etwa 100 m hohen Hügel vom Wort *Knob* (engl. für Knauf, Beule, Knoten) kommt oder aus einer Verkürzung des Ausdruckes ›Nabob‹ als Bezeichnung für schwerreiche Männer entstand? Zumindest lebten auf der exklusiven Anhöhe westl. von Chinatown um 1900 die Familien der Eisenbahn- und Bergwerksmagnaten in extravaganten **Villen**. Das Erdbeben von 1906 und das darauf folgende Großfeuer rafften auch die Privatpaläste dahin. Heute erinnern nur noch die Namen einiger Nobelhotels wie *Mark Hopkins* und *Fairmont* sowie der *Huntington Park* an die Vorbesitzer des Geländes, das noch immer zu den besten Adressen in San Francisco gehört.

Che bello! Ein Klassiker ist die italienische Bar ›Vesuvio's‹ in der Columbus Avenue, in die einst die Dichter der Beat Generation einkehrten

Die **Grace Cathedral** ⑲ (1100 California St., Garage: 1051 Taylor St.) wurde ab 1910 auf der Spitze des ›nob‹ nach dem Vorbild von Notre Dame in Paris im neogotischen Stil erbaut und 1964 geweiht. Die riesige, abends beleuchtete *Fensterrosette* des Gotteshauses wurde im französischen Chartres gefertigt.

North Beach – ein Hauch von Bella Italia

Im letzten Drittel des 19. Jh. siedelten italienische Einwanderer nördl. des chinesischen Viertels in einem Gebiet, das man bald **Little Italy** nannte. Auch wenn bereits um 1900 einige der Familien in das Wein- und Gemüseanbaugebiet von Napa Valley und Sonoma Valley abwanderten, hat sich das italienische Flair bis heute erhalten. In *Trattorien* und *Ristorantes* wird meist hervorragend gekocht, selbst die Pizzen scheinen besser zu schmecken als anderswo. Traditionscafés wie das *Vesuvio's* (255 Columbus Ave.) oder *Tosca Café* (242 Columbus Ave.) sind selbst schon zu Sehenswürdigkeiten avanciert.

Die doppeltürmige Kirche **St. Peter and Paul** ⑳ am Washington Square wird auch ›Fisherman's Church‹ und ›Italian Cathedral‹ genannt. Für die zugewanderten Chinesen lesen die Geistlichen mittlerweile auch Messen in Kantonesisch.

In den 1950er-Jahren zogen in die damals günstigen Wohnungen von North Beach Schriftsteller, Musiker und andere Künstler der *Beat Generation* ein. Der legendäre **City Lights Bookstore** ㉑ (261 Columbus Ave., www.citylights.com), der noch immer vom Dichter, Verleger und Maler Lawrence Ferlinghetti geführt wird, hat nach wie vor täglich bis Mitternacht geöffnet. Sitzgelegenheiten laden im traditionsreichsten Literaturtreff der Stadt zum Schmökern ein.

Telegraph Hill – Traumblick inbegriffen

Vom Washington Square ist es nur ein kurzer Spaziergang auf den knapp 100 m hohen Hügel **Telegraph Hill**. Von seiner Kuppe hat man einen herrlichen Blick über die Stadt, den Hafen und die Bay. Der 1933 errichtete **Coit Tower** ㉒ (tgl. 10–17 Uhr), der den ›Gipfel‹ des Telegraph Hill krönt und eines der *Wahrzeichen* von San Francisco darstellt, ist ein Denkmal für die Freiwillige Feuerwehr der Stadt, die im Anschluss an das Erdbeben 1906 heldenhaft die Feuersbrunst bekämpfte. Die Umrisse des Turms erinnern an eine Feuerwehrspritze. Das *Innere* des Coit Tower schmücken 16 *Wandgemälde*, die von arbeitslosen Künstlern im Rahmen öffentlicher Arbeitsbeschaffungsmaßnahmen gestaltet wurden. Die sozialrealistischen Kompositionen waren in den 1930er-Jahren sehr umstritten.

Auf dem Rückweg vom Telegraph Hill führen die **Filbert Steps** ㉓ durch wunderschöne Gartenanlagen, vorbei an ei-

Daran führt kein Weg vorbei: Jubel, Trubel, Heiterkeit an der Fisherman's Wharf

Schwimmende Schönheiten: historische Schiffe gibt es im Maritime National Historical Park zu sehen. Im Hintergrund Telegraph Hill mit Coit Tower

nigen Häusern, die noch aus der Zeit von 1860 erhalten sind, hinunter zu den Piers des Hafens. Die breite Hafenstraße Embarcadero verläuft bis zur Fisherman's Wharf nahe der Wasserlinie.

Alcatraz – Pelikane und ein Mafiaboss

Doch vor dem Bummel zum Hafen ruft der Felsen der ›Gefängnisinsel‹ **Alcatraz** 🔴. Von **Pier 33** legen alle halbe Stunde Boote für den 15-minütigen Trip (www.alcatrazcruises.com, tgl. 9.30–18.30, winters bis 16.30 Uhr, Tickets am Besten im Voraus im Internet bestellen oder Tel. 415/981-7625) ab. *Isola de los Alcatraces*, Insel der Pelikane, nannten die Spanier das kleine Eiland. Noch heute gibt es dort braune Pelikane. Im Jahre 1934 kam die auch ›The Rock‹ genannte Felseninsel zu internationalem Ruhm, nachdem die Bundesjustizbehörden sie von der Armee übernommen und zu einem *Hochsicherheitsgefängnis* ausgebaut hatten. Zu den prominenten Gefangenen im Block D gehörte der Mafia-Boss *Al Capone* aus Chicago. Obwohl die Anlage als sicherstes Gefängnis der Welt galt, gab es mehrere *Ausbruchsversuche* – einer wurde als Hollywood-Thriller unter dem Titel ›Escape from Alcatraz‹ (1979) mit *Clint Eastwood* in der Hauptrolle verfilmt. Nur drei

Insassen soll die Flucht von ›The Rock‹ gelungen sein. Man nimmt an, dass die Flüchtlinge ertranken – doch die Leichen wurden nie gefunden. 1963 wurde die Anstalt wegen zu hoher Kosten geschlossen. 1969 besetzten *Indianer* in einer Aufsehen erregenden Aktion die Insel und reklamierten sie als ihren Besitz. Seit 1973 sind Eiland und Gefängnis für die Öffent-

Liegen faul in der Sonne und lassen sich betrachten: Seelöwen auf Pier 39

Schlangenlinien fahren, ohne betrunken zu sein: Autolust in der Lombard Street

lichkeit zugänglich. Jährlich kommen fast 1 Mio. Besucher auf die Insel.

Am Hafen von San Francisco – volles Vergnügen

Nach all den düsteren Gefängnisgeschichten ist es nun Zeit für das Touristenziel Nummer 1 von San Francisco, die Gegend um **Pier 39** ㉕ an der Northern Waterfront. Nur wer ganz früh am Morgen kommt, wird gewahr, dass es tatsächlich noch einige Fischerboote gibt, die ihren Fang bei den Küchenchefs der vielen Fischrestaurants abliefern. Kurze Zeit später aber geht der Trubel los: *Straßenmusikanten, Pantomimen, Jongleure* buhlen um die Gunst der Menschenmassen. Der *Turbo Ride* schüttelt seine Fahrgäste ordentlich durch, und im *Aquarium of the Bay* (sommers tgl. 9–20, winters Mo–Fr 10–18, Sa/So bis 19 Uhr) kann man bei einem Spaziergang durch einen 100 m langen Acryltunnel Einblicke in das Leben von Fischen und Pflanzen der Bay genießen. Auf Pontons am Nordwestende der Pier tummeln sich zahlreiche *Seelöwen*.

Auch **Fisherman's Wharf** ㉖ etwas weiter westlich bietet ein buntes Unterhaltungsprogramm. Das kuriose Privatmuseen *Ripley's Believe It or Not* (175 Jefferson St., tgl. 10–22 Uhr, Fr/Sa bis 24 Uhr) zeigt ein wahres Kabinett der Monstrositäten. Unzählige Souvenirläden runden das bunte Bild ab. Die beiden Shoppingcenter The Cannery und Ghiradelli Square an der Beach Street runden das Angebot ab.

Folgt man nun der Jefferson Street nach Westen, so kommt man nach raschzum **San Francisco Maritime National Historical Park** ㉗ (Beach St./Polk St., Tel. 415/561-66 62, www.maritime.org, tgl. 10–17 Uhr). Er dokumentiert die *Geschichte der Seefahrt* seit dem 19. Jh. Neben dem informativen Maritime Museum gibt es vor allem alte Schiffe zu sehen, die an der *Hyde Street Pier* festgemacht sind, darunter ›Balclutha‹, einer der letzten Kap-Hoorn-Segler, das Fährschiff ›Eureka‹ und der Holzfrachter ›C. A. Thayer‹. Das U-Boot ›Pampanito‹ (sommers Do–Di 9–20, Mi 9–18 Uhr, winters So–Do 9–18, Fr/Sa 9–20 Uhr) hat an der Fisherman's Wharf (Pier 45) festgemacht. Das westl. angrenzende ehem. Militärgelände von **Fort Mason** ㉘ (Ecke Buchanan St./Marina Blvd., Tel. 415/441-34 00, www.fortmason.org, tgl. 8–24 Uhr) beherbergt heute sechs interessante Museen sowie Restaurants, Werkstätten und Bühnen.

Einige Blocks in Richtung *Russian Hill* lockt die ›krummste Straße der Welt‹: Anfang der 1920er-Jahre wurde die **Lombard Street** ㉙ befahrbar gemacht, heute ist die schön bepflanzte Schlangenlinien-Straße eines der beliebtesten Fotomotive in San Francisco.

Pacific Heights und Marina – schöner Wohnen

Neben Nob Hill gehören **Marina** und vor allem **Pacific Heights** zu den vornehmsten und teuersten Wohngegenden der Stadt. Ein Spaziergang um den *Alta Plaza*

Gut, aber keineswegs günstig: schön wohnen lässt es sich in den luxuriösen viktorianischen Villen der Stadt

Park oder von der Lombard Street zur Vallejo Street führt vorbei an eleganten, mit verspieltem Luxus ausgestatteten *Villen*. Wer wissen will, wie die viktorianischen Bauten des Viertels früher von innen ausgesehen haben, kann das 1886 errichtete **Haas-Lilienthal House** ㉚ (2007 Franklin St., Tel. 415/441-30 00, Touren Mi/Sa 12–15 Uhr, So 11–16 Uhr) unweit vom *Lafayette Park* besichtigen.

Mit dem ganzen Repertoire griechischer und römischer Bauformen spielte der Architekt bei der Errichtung des Palastes der Schönen Künste. Der **Palace of Fine Arts** ㉛ und die Schwanenlagune sind illustre Überbleibsel der *Panama-Pazifik-Ausstellung* von 1915. Gleich nebenan befindet sich das **Exploratorium** ㉜ (3601 Lyon St., Tel. 415/561-03 60, www.exploratorium.edu, Di–So 10–17 Uhr). Das Museum für Wissenschaft, Kunst und menschliche Wahrnehmung bietet mehr als 650 interaktive Experimente aus den Bereichen Technik und (Natur-)Wissenschaften.

Presidio – auf dem Weg zur schönsten Brücke der Welt

Presidio, das hügelige **Parkgelände** mit Wäldern und historischen Gebäuden, war früher Hauptquartier der 6. US-Armee. Seit 1994 wurde es zum Erholungsgebiet umgestaltet und gehört zur *Golden Gate National Recreation Area*. Die Festung **Fort Point** ㉝ (Fr/Sa/So 10–17 Uhr, Tel. 415/556-16 93) am Fuß der *Golden Gate Bridge* war bei ihrer Fertigstellung

1861 bereits militärtechnisch überholt. Die Anlage kann heute besichtigt werden.

In unnachahmlicher Eleganz verbindet die **Golden Gate Bridge** 34 seit 1937 San Francisco mit Sausalito und den Ortschaften im nördl. gelegenen Marin County. Die Brücke, die die Meerenge – das *Goldene Tor* – überspannt, ist das berühmteste *Wahrzeichen* der Stadt. Ihre Farbe erhielt sie übrigens zufällig: Eigentlich sollte sie im üblichen Grau angestrichen werden. Als der Brückenbauer Joseph B. Strauss sein Werk im *Rostschutz-Look* sah, war er begeistert und es blieb ›unfertig‹ rot. Strauss ist mit der Brücke ein ästhetisches und technisches Meisterwerk gelungen. Die beiden 227 m hohen Pylone, an denen die dicken Stahlseile der Hängebrücke verankert sind, stehen in 1280 m Entfernung voneinander und mussten wegen der starker Gezeitenströmung fast 100 m tief im Meeresboden verankert werden. Um das makellose rötliche Aussehen der insgesamt 2,7 km langen Brücke zu erhalten, tragen fleißige Maler tonnenweise Farbe auf die Metallkonstruktion auf. Täglich passieren etwa 100 000 Fahrzeuge das bedeutendste Bauwerk der Bay. Der *Marin's Vista Point* am nördl. Ende der Brücke garantiert einen Traumblick auf die Stadt – wenn der Nebel nicht die Sicht verschleiert!

Auf einem Hügel im weitläufigen *Lincoln Park* an der Pazifikküste steht der Nachbau des Palastes der französischen Ehrenlegion von Paris: Der **California**

Palace of the Legion of Honor 35 (Lincoln Park/Ecke 34th Ave. und Clement St., www.legionofhonor.org, Tel. 415/863-33 30, Di–So 9.30–17.15 Uhr) diente Frankreich als Pavillon bei der Panama-Pazifik-Ausstellung von 1915. Er ist den im Ersten Weltkrieg gefallenen Soldaten aus Kalifornien gewidmet. Heute befindet sich in seinen Räumen die umfangreichste Sammlung *französischer Kunst* außerhalb Frankreichs. Zu sehen sind Werke vom Mittelalter bis ins frühe 20. Jh. Vertreten sind Künstler wie Edgar Degas, Eduard Manet und Auguste Renoir. Von Rodin sind hier allein 60 Plastiken ausgestellt.

Das seit 1863 bestehende, mehrfach umgebaute **Cliff House** 36 (www.cliff house.com) liegt an der Steilküste direkt am Rande des Kontinents. Von diesem beliebten Café und Restaurant blickt man auf die Seal Rocks, die Brandungsfelsen, auf denen sich *Seelöwen* tummeln. Am Abend kann man von hier dann spektakuläre Sonnenuntergänge beobachten.

Golden Gate Park – im Garten von Liebe und Frieden

Der etwa 400 ha große **Golden Gate Park** 37 ist nach dem Central Park in New York der bekannteste Stadtpark der USA. Der 5 km lange und 800 m breite Grünstreifen zieht sich von der Pazifikküste weit in die Stadt hinein. Die einstige Dünenlandschaft wurde mit Seen, Wäldern, Rasenflächen und verschiedenen Museen zu einem abwechslungsreichen Stadterho-

Vive la France! – Im Palace of the Legion of Honor erlebt man französische Kunst

Das Gewächshaus des Conservatory of Flowers im Golden Gate Park

lungsgebiet umgestaltet. Hier fand 1967 der legendäre *Summer of Love* statt, der Höhepunkt der *Flower-Power-Bewegung*.

Die ›grüne Lunge‹ San Franciscos bietet vielfältige Möglichkeiten der Erholung und Unterhaltung. Auf dem *Buffalo Paddock* im Westteil des Parks grast eine kleine Herde amerikanischer Bisons, der *Japanese Tea Garden* entzückt die Besucher besonders während der Kirschblüte im April. Im *Teehaus* werden täglich in einer Zeremonie Tee und Gebäck serviert. Im gläsernen Gewächshaus **Conservatory of Flowers** (www. conservatoryofflowers.org, Di–So 9–16.30, Tel. 415/666-70 01) im Nordosten des Parks und im *Strybing Arboretum* wachsen viele tausend Pflanzen und Bäume aus aller Welt. Vorbild für das Bauwerk waren die Kew Gardens in London.

Die älteste Sammlung der Stadt, das **De Young Museum** ❸❽ (50 Hagiwara Teagarden Drive, Tel. 415/863-33 30, www. legionofhonor.org/deyoung, Di–So 9.30–17, Fr bis 20.45 Uhr) im Golden Gate Park widmet sich vor allem der amerikanischen Malerei, zeigt aber auch Kunsthandwerk aus Afrika, Ozeanien und beiden Amerikas. Die Architekten von Herzog & de Meuron errichteten einen Neubau, der mit einem mächtigen Turm und einer Kupferhaut versehen ist.

Gegenüber befindet sich die **California Academy of Sciences** ❸❾ (www. calacademy.org), eine der ältesten wissenschaftlichen Sammlungen des Landes, deren Neubau von Renzo Piano 2008 eröffnet werden soll. Ein Übergangsdomizil wurde in Downtown bezogen [s. S. 24].

Nordwestl. vom Golden Gate Park liegt im Viertel Western Addition der **Alamo Square** ❹❶. Die *Painted Ladies* von Alamo Square gehören zu den beliebtesten Motiven der Fotografen: Bei diesen ›geschminkten Damen‹ handelt es sich um

Für Franz: Mission Dolores und die Basilika zu Ehren des Stadtheiligen

Mit lila Licht verzaubert: Blick von den Twin Peaks über San Francisco und die Bucht am Abend. In der Mitte ragt die imposante St. Ignatius Church empor

viktorianische Reihenhäuser und Villen aus dem ausgehenden 19. Jh., deren ›Make up‹ aus fröhlicher Farbenpracht besteht. Wenn die moderne Skyline San Franciscos in der Abendsonne hinter den historischen Gebäuden aufleuchtet, bilden sie gemeinsam eine traumhafte Architekturkulisse.

Mission District und Castro District – der hl. Franz oder Wo man(n) sich trifft

Die *Mission San Francisco de Asis*, meist kurz als **Mission Dolores** 🟠41 (3321 16th St./ Dolores St., Tel. 415/621-82 03, tgl. 9–16 Uhr) bezeichnet, hat dem großen Stadtviertel seinen Namen gegeben. Die 1776 in *Adobe-Bauweise* aus Lehm und Holz errichtete und dem hl. Franz geweihte Missionskirche hat bislang alle Erdbeben überstanden. Im Stadtteil *Mission* leben heute vorwiegend Mexikaner und andere Immigranten aus Lateinamerika.

Das Wohngebiet **Castro District** 🔴42 beiderseits der Castro Street im südwestl. Teil des Mission District ist seit beinah 30 Jahren das bevorzugte Wohngebiet von San Franciscos *Gay Community*. Schon Ende der 1970er-Jahre lebten etwa 150 000 Homosexuelle in San Francisco und bestimmten zunehmend auch das

politische Leben der Stadt. 1978 wurde mit *Harvey Milk* erstmals ein Vertreter der Schwulen ins Stadtparlament gewählt. Zur selben Zeit war das Castro-Viertel ein *Mekka der Lüste*. In mehrstöckigen ›Lustsaunen‹, die 1984 auf Beschluss der örtlichen Gesundheitsbehörden geschlossen wurden, drängte sich das Publikum. Wenngleich die einst ausgelassene Atmosphäre heutzutage vor allem durch die Immunschwächekrankheit Aids getrübt ist, findet man im Castro District nach wie vor ein interessantes, bunt schillerndes *Nachtleben* mit Bars und Diskotheken, in denen Unterhaltung für jeden geboten wird.

Sehenswert ist das 1922 erbaute **Castro Theatre** (429 Castro St., Tel. 415/621-61 20, www.thecastrotheatre.com). In diesem Lichtspielpalast im maurischen Stil werden in erster Linie Klassiker aus den 30er- und 40er-Jahren des 20. Jh. sowie anspruchsvolle aktuelle Filme gezeigt.

Einer der schönsten Ausblicke auf die Stadt bietet sich vom nahezu 300 m hohen Doppelhügel **Twin Peaks** 🔴43 westl. des Castro-Viertels. Von hier aus sieht man beinah über die ganze Stadt. Besonders schön ist die Szenerie am Abend, wenn sich die Hochhäuser von Downtown wie eine illuminierte Insel aus dem funkelnden Lichtermeer der Stadt erheben.

ℹ Praktische Hinweise

Information

San Francisco Convention & Visitors Bureau, 201 3rd St., Suite 900, San Francisco, Tel. 415/974-69 00, Fax 415/2 27-26 02, www.onlyinsanfrancisco.com

San Francisco Visitor Information Center, Souterrain der Hallidie Plaza, 900 Market St./Ecke Powell Street, San Francisco, Tel. 415/391-20 00

Info-Hotline, Tel. 415/391-20 01 (Engl.), -20 04 (Dt.). Für aktuelle Veranstaltungen

CityPass, citypass.net. 7-Tages-Karte für Muni und Cable Car sowie Ermäßigungen für fünf Museen und Schiffsrundfahrten.

Flughafen

San Francisco International Airport (SFO), Tel. 650/821-82 11, www.flysfo.com. Infoschalter an den Terminals geben Auskunft über Bus- und Zugverbindungen zur City.

Öffentliche Verkehrsmittel

www.transit.511.org

Muni (Municipal Railway System), San Francisco, Tel. 415/673-68 64, www.sfmta.com. Bietet zuverlässigen Service mit Bussen, Cable Cars sowie Streetcars (Straßenbahnen). Es gibt Einzelfahrscheine, 24-Stunden-Tickets und Fahrscheine für drei oder sieben Tage.

BART (Bay Area Rapid Transit), Tel. 650/992-22 78, www.bart.gov. Eine moderne, superschnelle U-Bahn mit mehreren Linien, die San Francisco mit benachbarten Städten wie Oakland, Fremont und Berkeley verbindet.

Stadtrundfahrten und Rundgänge

Gray Line, Pier 43 ½ Embarcadero, San Francisco, Tel. 415/434-86 87, www.graylinesanfrancisco.com. Stadtrundfahrten bei Tag und bei Nacht, Ausflüge nach Muir Woods oder ins Napa Valley.

Three Babes and A Bus, San Francisco, Tel. 800/4 14-01 58, www.threebabes.com. Rundfahrten zu verschiedenen Nachtclubs am Samstagabend.

City Guides, San Francisco, Tel. 415/557-42 66, www.sfcityguides.org. Originelle Stadtteil-Rundgänge.

Chinese Cultural Center, im Holiday Inn Chinatown, San Francisco, Tel. 415/986-18 22, www.c-c-c.org. Verschiedene Rundgänge durch Chinatown, auch zu chinesischen Lokalen.

Cruisin' the Castro, San Francisco, Tel. 415/255-18 21, www.cruisinthecastro.com. Rundgänge durch den (schwulen) Castro District.

Rundfahrten per Schiff

Ausflugsfahrten und Fährdienste in der San Francisco Bay (inkl. Angel Island, Oakland, Vallejo) bieten an:

Blue & Gold Fleet, Pier 39, San Francisco, Tel. 415/705-55 55, www.blueandgoldfleet.com

Red & White Fleet, Pier 43, San Francisco, Tel. 415/673-29 00, www.redandwhite.com

Alameda/Oakland Ferry, Pier 41, San Francisco Ferry Building (am Ende der Market St.), Tel. 415/522-33 00, www.eastbayferry.com. Regelmäßige Fährverbindungen nach Alameda, Angel Island und Oakland.

Soviel Kunst muss man erst mal verkraften: Wandmalerei im Mission District

Architektonisches Schmankerl: Mario Bottas San Francisco Museum of Modern Art

Kultur live

S. F. Weekly (www.sfweekly.com) und der *Bay Guardian* (www.sfbg.com), zwei kostenlose Veranstaltungsblätter, liegen in den meisten Hotelfoyers aus und bieten jede Menge Veranstaltungstipps. Außerdem liefert die gemeinsame Sonntagsausgabe der Zeitungen *San Francisco Chronicle* und *San Francisco Examiner* eine Veranstaltungsübersicht für die darauf folgende Woche.

TIX, Union Sq./Powell St., San Francisco, Tel. 415/433-78 27, www.theatrebayarea. org. Theater- und Konzert-Tickets zum halben Preis für Aufführungen am selben Tag.

Stern Grove Midsummer Music Festival, Stern Grove Park, 19th Ave./Sloat Blvd., San Francisco, Tel. 415/252-62 52, www.sterngrove.org. Herrliches Sommer-Sonntagsvergnügen. Kostenlose Konzerte, u. a. mit dem San-Francisco Symphony Orchestra. Den Picknickkorb muss man allerdings mitbringen (Mitte Juni–Ende Aug.).

San Francisco Opera, War Memorial Opera House, 301 Van Ness Ave., San Francisco, Tel. 415/864-33 30, www.sfopera.com. Das erste öffentliche Opernhaus der USA, immer noch tolle Aufführungen.

American Conservatory Theatre (A.C.T.), 405–415 Geary St./Mason St., San Francisco, Tel. 415/749-22 28, www.act-sfbay.org. Eines der renommiertesten Theater der USA. Klassische und moderne Stücke.

Theatre Rhinoceros, 2926 16th St., San Francisco, Tel. 415/861-50 79, www.therhino.org. International erfolgreiches Gay-and-Lesbian-Theaterensemble mit innovativen Bühnenproduktionen.

Nachtleben

Beliebte Viertel für Nachtschwärmer sind **North Beach** und **SoMa** (South of Market). Aber auch im **Castro District** findet man zahlreiche Kneipen und Diskotheken.

Hotels

Luxusklasse und Obere Preisklasse

Archbishop's Mansion Inn, 1000 Fulton St., San Francisco, Tel. 415/563-78 72, Fax 415/885-31 93, bis 2008 wg. Renovierung geschl. Gediegenes Bed & Breakfast in der einstigen Bischofsresidenz

Für Badenixen und andere sportliche Hotelgäste – so ein Pool macht Laune

Bewusst leicht: kalifornische Küche

California Cuisine – Genuss light!

Hot Dogs, Hamburger und **Steaks** gehören zu den USA wie die New Yorker Freiheitsstatue und die Golden Gate Bridge in San Francisco. Diese Fast-Food-Spezialitäten beherrschten in den verschiedensten Abwandlungen jahrelang hartnäckig die Speisekarten der amerikanischen Diner. Auch im Bundesstaat Kalifornien, sonst für jeden Trend zu haben, verdiente man sich nicht gerade den goldenen Kochlöffel. Doch Anfang der **70er-Jahre** des 20. Jh. wurde plötzlich alles anders. Vieles ist

da zusammengekommen: etwa die wiedergewonnenen Erkenntnisse, dass im Central Valley von Kalifornien das beste Gemüse und die köstlichsten Früchte der USA praktisch vor der Haustüre gedeihen oder dass es viele hervorragende Gewürzkräuter und nicht nur Salz, Pfeffer und Ketchup gibt. Man entdeckte die kalifornische Kunst des Kochens – und die **California Cuisine** war geboren! Eine leichte, raffinierte, ganz dem Fitness- und Körperkult entsprechende Küche, auf die auch **andere Kulturen** – Kalifornien ist der US-Bundesstaat mit den höchsten Einwanderungsquoten – einen nicht unwesentlichen Einfluss haben. So wird heimische Kochkunst mit europäischen und asiatischen Elementen verbunden. **Erlaubt ist, was schmeckt**: Lamm mit Polenta vom Ziegenkäse, dazu werden Fava-Bohnen, Pfifferlinge und Rosmarin kredenzt. Oder mit Ahornsirup glasierte, gebackene Wachteln, dazu Apfelkompott und Kartoffel- und Früchte-Gratin. Auf die Pizza kommt statt der Salami mitunter Lachs, der Fisch erhält ein Kleid aus Sesamkörnern, zu den Gambas gibt es eine Sauce aus schwarzen Bohnen. In kalifornischen Restaurants werden Gerichte serviert, von denen man andernorts vielleicht nicht einmal zu träumen wagt.

nahe dem Alamo Square. Die geschmackvollen Zimmer sind mit Himmelbetten und antiken Möbeln ausgestattet.

Argonaut Hotel, 495 Jefferson St., San Francisco, Tel. 415/563-08 00, Fax 415/563-28 00, www.argonauthotel.com. Gepflegter Luxus im Herzen von Fisherman's Wharf.

Hotel Vitale, 8 Mission St., Tel. 415/278-3700, Fax 278-3750, www.hotelvitale.com. Luxuriöse Herberge mit 199 eleganten Zimmern und Suiten, imposanter Blick auf die Bay und die Waterfront.

Hyatt Regency San Francisco, 5 Embarcadero Center, San Francisco, Tel. 415/788-12 34, Fax 415/398-25 67, www.hyatt.com. Hotel an der Waterfront mit imposanter Lobby und Drehrestaurant. Sehr guter Service.

Ritz-Carlton, 600 Stockton St./California St., San Francisco, Tel. 415/296-74 65, Fax 415/291-02 88, www.ritzcarlton.com. Eines der besten Hotels der Welt in

einem schönen klassizistischen Bau auf dem Nob Hill.

The Fairmont, 950 Mason St., San Francisco, Tel. 415/772-50 00, Fax 415/772-50 13, www.fairmont.com. Prominente steigen in diesem Hotel besonders gern ab. Das Haus ›spielte‹ bereits in TV-Serien mit.

Mittelklasse

Chancellor Hotel, 433 Powell St., San Francisco, Tel. 415/362-20 04, Fax 415/362-14 03, www.chancellorhotel.com. Guter Service und exzellente Lage am Union Square.

Hotel Carlton, 1075 Sutter St., San Francisco, Tel. 415/673-02 42, Fax 673-49 04, www.carltonhotel.com. 163 Zimmer in komplett renoviertem Gebäude aus den 1920er-Jahren, wenige Minuten vom Stadtzentrum, gutes Restaurant ›Saha‹.

Petite Auberge, 863 Bush St., San Francisco, Tel. 415/928-60 00, Fax 415/673-72 14, www.petiteaubergesf.com.

Kleine Herberge mit Zimmern im französischen Landhausstil gleich beim Union Square.

Sir Francis Drake Hotel, 450 Powell St., San Francisco, Tel. 415/392-77 55, Fax 415/391-87 19, www.sirfrancisdrake. com. Historisches Gebäude nahe Union Square mit eindrucksvoller Lobby. Vom Nightclub traumhafte Aussicht über die Stadt.

The Wharf Inn, 2601 Mason St., San Francisco, Tel. 415/673-74 11, Fax 415/776-21 81, www.wharfinn.com. Einfache Ausstattung, aber prominente Lage bei der Fisherman's Wharf.

 Triton, 342 Grant Ave., San Francisco, Tel. 415/394-05 00, Fax 415/394-05 55, www.hoteltriton.com. Die Designer-Suiten des schicken Hotels zwischen Union Square und Chinatown sind am beliebtesten.

Preiswerte Klasse

24 Henry, 24 Henry St., San Francisco, Tel. 415/864-56 86, Fax 415/864-04 06, www.24henry.com. Günstige Preise und bei der Sanchez Street, mitten im Castro District.

Marina Inn, 3110 Octavia St., San Francisco, Tel. 415/928-10 00, Fax 415/928-59 09, www.marinainn.com. Ordentliche Zimmer nicht weit von der Lombard Street, Frühstück inklusive, bestes Preis-Leistungsverhältnis.

The Powell Hotel, 28 Cyril Magnin, San Francisco, Tel. 415/398-32 00, Fax 415/398-36 54, www.thepowellhotel.com. Zwischen Market Street und Union Square, gute Zimmer.

Restaurants

Alioto's, 8 Fisherman's Wharf, San Francisco, Tel. 415/673-01 83. Dungeness Crab (Taschenkrebs) in vielen Variationen und andere Spezialitäten aus dem Meer.

Fleur de Lys, 777 Sutter St., San Francisco, Tel. 415/673-77 79. Märchenhafte französische und kalifornische Gerichte.

Greens, Fort Mason Center, Building A, San Francisco, Tel. 415/771-62 22. Einfallsreiche vegetarische Küche vom Feinsten, dazu traumhafter Blick auf Bay und Marina.

◁ *Tolle Typen: Wie ein waschechter Italiener wirkt der Verkäufer im ›Caffè Trieste‹ nicht gerade (oben), dafür sind die Künstler in SoMa um so cooler (Mitte), während die beiden im Viertel Haight-Ashbury samt Kitsch und Kuriosem ein schrilles Stillleben bilden*

 House of Nanking, 919 Kearny St., San Francisco, Tel. 415/421-14 29 (keine Reservierung). Die fantastischen Gerichte des schlichten, kleinen Lokals haben eine große Fan-Gemeinde.

McCormick & Kuleto's, Ghirardelli Sq., San Francisco, Tel. 415/929-17 30. Spitzenadresse für Fisch und Schalentiere, toller Blick auf die Bucht.

Mo's Gourmet Burgers, 1322 Grant Ave, San Francisco, Tel. 415/788-37 79. Täglich die wohl besten Burger der Stadt, mit frischen Zutaten und vernünftigen Preisen.

Slanted Door, 1 Ferry Building # 3, San Francisco, Tel. 415/861-80 32. Moderne vietnamesische Küche, Essen mit Blick auf die Bay.

Suppenküche, 601 Hayes St., San Francisco, Tel. 415/252-92 89. Wen in der Ferne der Heißhunger auf Sauerbraten und Rotkohl überfällt, der ist hier richtig.

The Cliff House, 1090 Point Lobos, San Francisco, Tel. 415/386-33 30. Herrlicher Blick auf den Pazifik. Beliebtes Ausflugsziel, ordentliche Küche.

Bars und Cafés

Caffè Greco, 423 Columbus Ave., San Francisco, Tel. 415/621-85 79. Gemischtes Publikum, guter Kaffee, Wein und Kleinigkeiten für Zwischendurch und bis Mitternacht.

Caffè Trieste, 601 Vallejo St., San Francisco, Tel. 415/392-67 39. Klassische Musik und guter Kaffee im einstigen Boheme-Treff.

Harry Denton's Starlight Room, im Sir Francis Drake Hotel, 450 Powell St., San Francisco, Tel. 415/395-85 95. Nightclub mit Livemusik, guten Drinks und herrlichem Panoramablick.

Japanese Tea Garden, Golden Gate Park, San Francisco, Tel. 415/752-42 27. Japanische Tee-Zeremonie – ein echter Genuss!

Top of the Mark, InterContinental Mark Hopkins Hotel, 1 Nob Hill, 999 California St./Mason St., San Francisco, Tel. 415/392-34 34. Lokal mit schönem Rundblick. Cocktails ab 16 Uhr, und am Sonntag gibt's Brunch.

Vesuvio's, 255 Columbus Ave, San Francisco, Tel. 415/362-33 70. Espresso, Cappuccino und gutes Barsortiment im Traditionscafé mit 1950er-Jahre-Charme. Hier verkehrten einst die Beat-Poeten.

Rund um die San Francisco Bay –
von Apfelbäumen und Computerträumen

Um die San Francisco Bay herum hat sich ein Siedlungs- und Wirtschaftsgebiet mit kleineren und größeren Städten – **Sausalito**, **Oakland**, **Berkeley**, **Vallejo**, **San Jose** und **Palo Alto** (mit der weltberühmten Stanford-Universität) – entwickelt, in dem etwa 6 Mio. Menschen leben.

Nördl. der Bay schließt sich das anmutige *Weinanbaugebiet* von Napa Valley und Sonoma Valley an. Am westl. Ufer – schnell erreichbar über die Oakland Bay Bridge – findet man mit Berkeley und Oakland ein wissenschaftliches und wirtschaftliches Zentrum der Bay Region.

Im Südwesten der Bucht haben die amerikanischen *Computerkonzerne* zwischen Palo Alto und San Jose der Region zu einem enormen Wirtschaftswachstum und zur weltberühmten Bezeichnung **Silicon Valley** verholfen. Aus der einst verschlafenen, 30 km langen Ebene, in der Rinder weideten und Apfelbäume wuchsen, wurde innerhalb von 20 Jahren ein gewaltiges Gewerbe- und Forschungsgebiet der *Hochtechnologie*. Und die revolutionären Silikonchips gaben dem Tal den entsprechenden Beinamen.

2 Sausalito

Beliebtes Ausflugsziel und einst Liebling von Künstlern und Hippies.

Die **Hausboot-Kolonie** in der Marina von Sausalito – ein idyllischer Ort nördl. von San Francisco – besteht noch heute, wenngleich die Siedlung in den 1960er- und 70er-Jahren wesentlich größer und flippiger war. Denn: Die *Hippies* von einst sind mit wenigen Ausnahmen gesetzt geworden oder von jungdynamischen Rechtsanwälten und Computerspezialisten abgelöst worden. Es ist jedoch nach wie vor schön, am Hafen von Sausalito zu sitzen und sich am Anblick des Städtchens zu erfreuen, das sich im Halbrund an die Berghänge der Bucht schmiegt. In Geschäften wird Kitsch, aber auch Kunsthandwerk von örtlichen Künstlern angeboten.

Wer neben kulinarischen Genüssen auch eine tolle Aussicht genießen will, sollte an Sausalitos Hauptstraße in einem der **Fischlokale** oder **Cafés** einkehren. Von dort aus hat man einen schönen Blick auf die Bay. Nach Sausalito kann man von San Francisco aus auch via *Fähre* [s. S. 35] gelangen.

Black is beautiful: Graduierung an der Berkeley University

Angel Island

Die Fähren steuern auch *Angel Island* an, eine Insel, die als **State Park** unter Naturschutz steht. Zu Beginn des 20. Jh. war das Eiland Quarantäne-Station für Zehntausende von Einwanderern u.a. aus Asien und diente später als Kriegsgefangenenlager. Heute ist Angel Island Ziel von Ausflüglern, die wandern, Rad fahren oder am Sandstrand der *Ayala Cove* in der Sonne liegen möchten.

Gezähmter Hippie: Hausboot-Idylle seit den 1960er-Jahren in Sausalito

ℹ️ Praktische Hinweise

Information

Sausalito Chamber of Commerce,
10 Liberty Ship Way, Bay 2, Suite 250,
Sausalito, Tel. 415/331-72 62,
Fax 415/332-03 23 – **Visitor Center**,
Tel. 415/332-05 05, www.sausalito.org

Hotel

Casa Madrona Hotel and Spa,
801 Bridgeway Blvd., Sausalito,
Tel. 415/332-05 02, Fax 415/332-25 37,
www.casamadrona.com. Viktorianisches
Inn am Berghang. Ausgezeichnetes
Restaurant. Obere Preisklasse.

Restaurant

Fred's Coffee Shop, 1917 Bridgeway,
Sausalito, Tel. 415/332-45 75. Gern nehmen Gäste selbst längere Wartezeiten in
Kauf, um hier ihr Frühstück oder Mittagessen zu genießen.

3 Vallejo

*Die verhinderte Hauptstadt und
der sehenswerte ›Erlebniszoo‹.*

Vallejo war vom Pech verfolgt. 1851 und
1853 konnte sich der Ort für wenige Tage
und Wochen als *Hauptstadt* des neu in
die Union aufgenommenen Bundesstaates Kalifornien fühlen. 1853 wurde sogar
bereits mit dem Bau eines *Kapitols* be-

gonnen. Doch ein Jahr später fiel die end-
gültige Entscheidung für Sacramento als
Sitz der Staatsregierung.

Nachdem die Pläne für einen großen
Hafen ähnlich erfolglos blieben, erbarm-
te sich endlich die *US-Marine* der Region
und gründete die riesige **Schiffswerft** auf
Mare Island gegenüber der Stadt. In der
Werft wurden einst Versorgungsschiffe
und U-Boote der amerikanischen Marine
gebaut.

Einen hervorragenden Grund, bei
einer Rundfahrt um die Bay trotzdem in
Vallejo einen Stop zu machen oder mit
der schnellen Katamaran-Fähre von San
Francisco aus in einer Stunde über die
Bay zu setzen, bietet der **Six Flags Discovery Kingdom** (2001 Marine World Pkwy.,
Hwy. 37, Tel. 707/643-67 22, www.sixflags.
com, sommers So–Fr 10–20, Sa 10–21 Uhr,
sonst eingeschränkte Öffnungszeiten)
mit Achterbahnen und einem *Delphina-
rium*. Die Delphine, Wale und Haie leben
in ihrer natürlichen Umwelt angepas-
stem, großzügig gestaltetem Ambiente.
Spektakuläre Shows mit Orcas, Delphinen und Seelöwen machen den Ausflug
vor allem für Kinder zu einem vollen
Erfolg.

ℹ️ Praktische Hinweise

Information

Convention & Visitors Bureau, 495 Mare
Island Way, Vallejo, Tel. 707/642-36 53,
Fax 707/644-22 06, www.visitvallejo.com

Killerwale und andere Kleinigkeiten im Six Flags Marine World Park

Stätte der Gelehrten: das weitläufige Gelände der Berkeley University of California

4 Berkeley

*Elite-Universität und
Nobelpreisfabrik.*

Wenn deutsche Hochschuldirektoren von der Weltspitze reden, zu der sie aufschließen wollen, dann denken sie unter anderem an Berkeley (103 000 Einwohner), die **University of California** (www. berkeley.edu). 32 000 Studenten, studieren hier, bis zu 20 000 $ an Gebühren müssen sie dafür bezahlen. Die Elite-Schule bringt regelmäßig **Nobelpreisträger** hervor: etwa Ernest Lawrence, der 1939 einen Nobelpreis für die Erfindung des Zyklotrons erhielt oder Glenn Seaborg, der 1941 das Plutonium entdeckte. Insgesamt erhielten 20 Wissenschaftler der Universität die begehrte Auszeichnung, sieben von ihnen lehren auch 2007 noch hier.

Lange vorbei sind die Zeiten, als man im Zusammenhang mit der University of California von einer ›**Volksrepublik Berkeley**‹ sprach. Aber noch immer denkt mancher gern zurück an die politisch radikalen Zeiten der 1960er-Jahre mit dem ›Free Speech Movement‹, die Proteste gegen den Vietnamkrieg in den 1970ern oder das Engagement für Rechte der Frauen und der ethnischen Minderheiten in den 1980ern.

Den **Campus** der Universität entwarf der berühmten Landschaftsarchitekten Frederick Law Olmsted, der auch den Central Park in New York gestaltet hat. Mehrere Museen verteilen sich über das Gelände.

Das **Phoebe A. Hearst Museum of Anthropology** (102 Kroeber Hall, Tel. 510/ 642-36 82, http://hearstmuseum.berkeley. edu, Mi–Sa 10–16.30, So 12–16 Uhr) gewährt mit seiner Sammlung Einblicke in die indianische Kultur, zeigt Zeremonienmasken aus der Südsee und asiatische Kunst.

Das **Berkeley Art Museum** (2626 Bancroft Way, Tel. 510/642-08 08, www. bampfa.berkeley.edu, Mi–So 11–17 Uhr, Do 11–19 Uhr) präsentiert amerikanische Malerei des 19.–21. Jh., seine Aushängeschilder sind Jackson Pollock und Mark Rothko. Außerdem zeigt das *Pacific Film Archive* Arbeiten von Avantgarde-Regisseuren aus den USA, Japan oder Russland.

Vom 94 m hohen Wahrzeichen der Uni, dem **Sather Tower** (Mo–Fr 10–16 Uhr, Sa 10–17 Uhr, So 10–13.30 und 15–17 Uhr), – nach seinem venezianischen Vorbild nur *Campanile* genannt – blickt man über den Campus und über Berkeley bis nach San Francisco am gegenüberliegenden Ufer der Bay.

An den Straßen, die von dem Universitätsgelände wegführen, der *University*

Oben: *Fast wie Legoland – Blick über Oakland aus der Vogelperspektive*

Unten: *Als erster drin, als letzter 'raus! Hauptsache, das Bier fließt – in Oaklands ›Heinold's First and Last Chance Saloon‹*

Avenue, der *Telegraph Avenue* und der *College Avenue*, reihen sich Cafés, Restaurants, Buchläden und andere Geschäfte aneinander. Da Berkeley zu den Städten in Kalifornien gehört, die für sich in

Anspruch nehmen, die moderne *California Cuisine* [s. S.37] erfunden zu haben, sollten Sie sich einen Abend reservieren, um im – scherzhaft *Gourmet Ghetto* genannten – Restaurantbezirk um die Shattuck Avenue und die Walnut Street zu dinieren.

ℹ Praktische Hinweise

Information

Berkeley Convention & Visitors Bureau, 2015 Center St., Berkeley, Tel. 510/549-70 40, 800/847-48 23, www.visitberkeley.com – **University Visitor Center**, 101 University Hall, Oxford Ave./University Ave., Berkeley, Tel. 510/642-52 15, www.berkeley.edu/visitors. Führungen über den Campus Mo–Sa 10 Uhr, So 13 Uhr

Hotel

The Brown Shingle, 1514 La Loma Ave., Berkeley, Tel. 510/848-63 85, Fax 510/848-13 21, www.brownshingle.com. Bed & Breakfast mit traumhaftem Blick auf die Bay. Mittlere Preisklasse.

Restaurants

Chez Panisse, 1517 Shattuck Ave., Berkeley, Tel. 510/548-55 25. Esstempel von Alice Waters, einer der ›Erfinderinnen‹ der neuen kalifornischen Küche.

Lalime's, 1329 Gilman St., Berkeley, Tel. 510/527-98 38. Es gibt Gäste, die nicht über die leckeren Vorspeisen hinauskommen.

5   Oakland

Geschäftige Wirtschaftsmetropole im Schatten des schönen San Francisco.

Nur eine knappe halbe Stunde ist man von San Francisco nach Oakland unterwegs – entweder über die Oakland Bay Bridge oder mit BART (Station Oakland City Center), der schnellen U-Bahn. Zusätzlich pendelt eine Fähre zwischen den beiden Städten. Wer den Ferry Terminal in Oaklands Inner Harbor verlässt, um die San Francisco Bay zu überqueren, wird nicht nur mit einer angenehmen kleinen

Seewolf und Schriftsteller

Der unglaublich erfolgreiche, jedoch zeitlebens heftig umstrittene Schriftsteller **Jack London** wurde am 12. Januar 1876 in San Francisco geboren. Jack London wuchs als bettelarmer Junge in der Stadt am ›Golden Gate‹ und in Oakland auf und schlug sich als Fischer und Austernpirat, als Angehöriger der Küstenwache, als Seemann und Goldsucher durchs Leben. Die Eindrücke seines unsteten Lebens verarbeitete er in kraftvollen Kurzgeschichten und Romanen, die ihn in kurzer Zeit zu einem der **meistgelesenen Schriftsteller Amerikas** werden ließen, wenngleich er immer wieder von den Literaturkritikern angefeindet wurde. Die wirtschaftlichen und politischen Widersprüche im Nordamerika um 1900 ließen ihn für sozialistische Ideen eintreten: 1901 ließ sich Jack London sogar von der Sozialistischen Partei als Kandidat für das Bürgermeisteramt von Oakland aufstellen. Seine **Romane** und **Erzählungen** wie ›Der Seewolf‹, ›Wolfsblut‹, ›Die Eiserne Ferse‹, ›Lockruf des Goldes‹, ›Südseegeschichten‹ oder ›Alaska Kid‹ machten ihn zum Millionär. Trotz seiner Publikumserfolge quälten Jack London zunehmend Depressionen. Er nahm sich am 22. November 1916 im kalifornischen Glen Ellen mit einer Überdosis Schlaftabletten das Leben.

schäften, das sich um den **Jack London Square** gruppiert. Die ›Potomac‹, restaurierte Staatsjacht des früheren amerikanischen Präsidenten F.D. Roosevelt, ist an einer Pier festgemacht und kann besichtigt werden. Das angrenzende **Jack London Village**, eine aus Holz erbaute Einkaufspassage soll im Stil an die Zeit um 1900 erinnern.

TOP TIPP **Heinold's First and Last Chance Saloon** (48 Webster St./Jack London Sq., Tel 510/839-67 61) wurde 1883 aus dem Holz eines ausrangierten Walfangbootes zusammengezimmert. Die urige kleine Kneipe war *Stammlokal* von Jack London: Hier haben neben vielen anderen auch Schriftsteller wie Ambrose Bierce und Robert Louis Stevenson ihre durstigen Kehlen befeuchtet.

Folgt man nun dem Broadway stadteinwärts, so kommt man zunächst nach **Old Oakland** (zw. 8th und 10th St.) mit seinen mehr oder minder alten Häusern, kleinen Geschäften und Restaurants. Auf der anderen Seite des Broadways liegt das lebhafte **Chinatown**.

An Old Oakland grenzt nördlich das moderne **Stadtzentrum** mit seinen Hochhäusern und dem Kongresszentrum. Aus der Zeit um 1900 sowie aus den 20er- und 30er-Jahren des 20. Jh. blieben einige Gebäudeblocks noch weiter nördlich erhalten. Das **Paramount Theatre** (2025 Broadway/19th St., Tel. 510/465-64 00) im Art-déco-Stil, in dem heute Konzerte stattfinden, gehört zu den prachtvollen Kinopalästen aus den 1930er-Jahren, die man nur noch in wenigen amerikanischen Städten sieht.

TOP TIPP Umfassende Informationen zur Geschichte der Stadt und Kaliforniens erhält man im **Oakland Museum of California** (1000 Oak St./10th St., BART Lake Merrit, Tel. 510/238-22 00, www.museumca.org, Mi–Sa 10–17 Uhr, jeden 1. Fr im Monat bis 21 Uhr, So 12–17 Uhr). Die Entwicklungs- und Kulturgeschichte der Besiedlung sowie die verschiedenen Landschaften und Klimazonen des Bundesstaates werden anhand von Fundstücken, Dokumenten, Modellen, Straßenszenen etc. aufzeigt. Hinzu kommen Gemälde, Skulpturen und Fotografien.

Das **Chabot Space & Science Center** (10 000 Skyline Blvd., Tel. 510/336-73 00, www.chabotspace.org, Mi/Do 10–17 Uhr, Fr/Sa 10–22, So 11–17 Uhr) am Rande des Redwooods Regional Park präsentiert mit einem Planetarium und einer interak-

Seereise, sondern auch mit einem besonders schönen Blick auf die Skyline von *San Francisco* belohnt.

An der **Hafenpromenade** Oaklands ist die Mini-Ausgabe von San Franciscos Fisherman's Wharf verwirklicht worden, ein Veranstaltungs-, Sightseeing- und Vergnügungsviertel mit Restaurants, Bars, Hotels, Kino, Souvenirläden und Buchge-

tiven Ausstellung das Weltall, seine Forschungsgeschichte und die dazugehörigen Technologien.

ℹ Praktische Hinweise

Information

Oakland Convention & Visitors Bureau, 463 11th Street, Oakland, Tel. 510/839-90 00, Fax 510/839-59 24, www.oaklandcvb.com

Hotel

Waterfront Plaza Hotel,
10 Washington St., Oakland,
Tel. 510/836-38 00, Fax 510/832-56 95,
www.waterfrontplaza.com. Modernes, freundliches Hotel am Jack London Square. Gehobene Mittelklasse.

Restaurants

Citron, 5484 College Ave., Oakland, Tel. 510/653-54 84. Ausgezeichnete französische Bistroküche.

Sun Hongkong Restaurant,
389 8th St., Oakland, Tel. 510/465-19 40. Preiswertes China-Restaurant mit Kanton-Küche und köstlichem Fisch.

6 San Jose

Die drittgrößte Stadt Kaliforniens ist Hauptort des Silicon Valley.

Das fruchtbare Schwemmland des Santa Clara Valley wurde schon 1777 von der spanischen Kolonialmacht für die erste

Chips ohne Kalorien: der Computer, das wichtigste Utensil im Silicon Valley

zivile Niederlassung der kalifornischen Kolonie ausgewählt. Farmer und Landarbeiter zogen auf den Feldern rund um den Ort *El Pueblo de San José de Guadelupe* Getreide und Gemüse zur Versorgung der Garnisonen von Monterey und San Francisco. Zwischen 1849 und 1851 war der Ort Hauptstadt von Kalifornien.

San Jose – mit 925 000 Einwohnern nach L. A. und San Diego drittgrößte Stadt von Kalifornien – verdankt seinen gewaltigen wirtschaftlichen Aufschwung nicht allein der Landwirtschaft, sondern vor allem der **Elektronik- und Computerindustrie**. Ende der 1960er-Jahre begannen hier die ersten Tüftler in kleinen

Geisterhaus: im Winchester Mystery House in San Jose liebt man Spuk

Werkstätten zu arbeiten. Heute haben Firmen wie *IBM*, *Apple*, *Hewlett Packard*, *Intel* oder *Google* ihre Zentralen und Niederlassungen in einem Gebiet, das weltweit als **Silicon Valley** bekannt ist.

Wer wissen will, was sich hinter diesem Schlagwort verbirgt, sollte **The Tech – Museum of Innovation** (201 S. Market St., Tel. 408/294-83 24, www.thetech.org, Di–So 10–17 Uhr) besuchen, in dem neueste Technologien so dicht wie möglich am alltäglichen Erfahrungsbereich dargestellt werden. Der Besucher ist aufgefordert, selbst diverse Experimente mit der Technik zu machen.

Ähnlich spannend geht es im **Children's Discovery Museum** zu (180 Woz Way/Auzerais St., Tel. 408/298-54 37, www.cdm.org, Di–Sa 10–17 Uhr, So 12–17 Uhr), in dem Kinder alles mögliche ausprobieren und nacherleben können. Hier ertönt die Sirene eines Streifenwagens der Polizei, dort kann man in ein Termitenhaus krabbeln, an anderer Stelle stehen Computer für eine virtuelle Reise um die Welt bereit.

Eine weitere Sehenswürdigkeit ist das **Winchester Mystery House** (525 S. Winchester Blvd., Tel. 408/247-21 01, www.winchestermysteryhouse.com, sommers tgl. 9–19, sonst bis 17 Uhr). Sarah Winchester, Millionenerbin der Waffen produzierenden Werke, fühlte sich von den Geistern der mit Winchester-Gewehren Getöteten verfolgt. Sie glaubte, sterben zu müssen, sobald ihr im Bau befindliches Wohnhaus vollendet wäre und ließ daher 40 Jahren lang, bis zu ihrem Tod 1921, immer neue Räume (insgesamt 160), Treppen und Türen hinzubauen. Selbst der heutige Besitzer soll sich ohne Lageplan nicht zurechtfinden können!

Tal des Silikons, Tal der Arbeit: auch Computer-Cracks brauchen eine Pause

Eine von Sphingen und antiken Schriftzeichen gesäumte Allee führt durch den *Rosicrucian Park* zum **Rosicrucian Egyptian Museum & Planetarium** (1342 Naglee Ave./Ecke Park Ave., Tel. 408/947-36 35, www.egyptianmuseum.org, Mo–Fr 10–17, Sa/So 11–18 Uhr). Sein Thema sind die sumerischen, ägyptischen und assyrischen Frühkulturen. Zu sehen ist auch die rekonstruierte Grabkammer einer Pyramide.

Ein Ausflug zum **Lick Observatory** (Führungen Mo–Fr 12.30–17, Sa/So 10–17 Uhr, www.ucolick.org, Tel. 831/459-25 13), das sich 29 km östl. der Stadt auf dem knapp 1300 m hohen *Mount Hamilton* befindet, ermöglicht einen weiten Blick über das Santa Clara Valley.

ℹ️ Praktische Hinweise

Information

San Jose Convention & Visitors Bureau, 408 Almaden Blvd., San Jose, Tel. 408/295-96 00, www.sanjose.org

Hotels

Hotel de Anza, 233 W. Santa Clara St., San Jose, Tel. 408/286-10 00, Fax 408/286-05 00, www.hoteldeanza.com. Elegantes Hotel mit Art-déco-Bar. Luxusklasse.

Madison Street Inn, 1390 Madison St., San Jose, Tel. 408/249-55 41, Fax 408/249-66 76, www.madisonstreetinn.com. Bed & Breakfast-Villa mittlerer Klasse mit Atmosphäre und Pool.

Restaurants

Eulipia, 374 S. First St. (zwischen San Salvador und San Carlos St.), San Jose, Tel. 408/280-61 61. Hervorragende, neue kalifornische Küche und köstliche Cocktails (Mo geschl.).

Peggy Sue's, 183 Park Ave., San Jose, Tel. 408/294-02 52. Frühstück, Hamburger, Milch-Shakes, im Stil der 1950er-Jahre und ab 7 Uhr früh.

7 Palo Alto
Stanford University

Von Garagen und Genies.

Ein riesiger uralter *Redwood Tree* (Rotholzbaum) diente den spanischen Eroberern einst als Landmarke: Palo Alto, hoher Stamm, nannten sie ihn – und ebenso die Siedlung, die dort entstand.

Auf Nobelpreisträger programmiert: Stanford University in Palo Alto

Ende der 1930er-Jahre fingen *William Hewlett* und *David Packard* in einer Garage in der Addison Avenue an, mit Lampen, elektronischen Bauteilen und Lautsprechern zu basteln. Sie verkauften ihre Maschine, die elektronische Töne erzeugte, an Walt Disney und eröffneten ihre eigene kleine Firma. Die Gründer der Computerfirma Hewlett-Packard, die bald ihre ersten Patente anmeldeten, können demnach als Großväter der *Silicon-Valley*-Revolution gelten.

Doch Palo Alto ist nicht nur im Hinblick auf die Computerforschung bekannt und als Wohnort äußerst beliebt: Das sympathische Städtchen ist Sitz der weltberühmten **Stanford University** (www.stanford.edu). *Leland Stanford* – Eisenbahnbaron, Mitbegründer der Republikanischen Partei in Kalifornien und Gouverneur des Bundesstaates – gründete die Hochschule 1885 in Erinnerung an seinen früh gestorbenen einzigen Sohn. Palo Alto erwarb sich bald einen überragenden akademischen Ruf. Derzeit (2007) gehören 18 *Nobelpreisträger* in verschiedenen Fachrichtungen zum rund 1800 Dozenten umfassenden Lehrkörper, der etwa 14 800 Studenten ausbildet. Erfindungen und Entdeckungen wie die Antibabypille, der Intelligenztest, Synthesizer, Mikroprozessoren sowie Techniken, welche die Herztransplantation oder die Aufspaltung von Genen ermöglichen, haben die ›Ideenfabrik‹ weithin bekannt gemacht. Der Lehrstuhl für **Elektronik** nimmt an der Stanford Universität übrigens eine besondere Stellung ein. Die Hochschule versorgt die Betriebe von Silicon Valley mit frischen Ideen und mit hochqualifiziertem Nachwuchs.

Den Universitätscampus von Stanford hat Frederick Law Olmsted konzipiert. Die Gebäude sind im Stil der *spanischen Missionsarchitektur* mit neoromanischen Elementen gestaltet. Führungen über den Campus veranstaltet der *Visitor Information Service* (Memorial Auditorium, Tel. 650/723-25 60, Mo–Fr 8–17, Sa/So 9–17 Uhr). Sehenswert sind neben dem 87 m hohen *Hoover Tower* (tgl. 10–16.30 Uhr, schöne Aussicht!) die *Stanford Memorial Church* und das **Cantor Arts Center** (Tel. 650/723-41 77, www.stanford.edu/dept/ccva, Mi–So 11–17 Uhr, Do 11–20 Uhr) mit einer Sammlung aus Antike und Asien und dem *Rodin Sculpture Garden*.

ℹ Praktische Hinweise

Information

Palo Alto Chamber of Commerce, 122 Hamilton Ave., Palo Alto, Tel. 650/324-3121, Fax 650/324-1215, www.paloaltochamber.com

Restaurant

Tamarine, 546 University Ave., Palo Alto, Tel. 650/325-85 00, www.tamarine restaurant.com, mittags Mo–Fr, abends tgl. Vietnamesische Küche mit überraschenden Geschmacksvariationen.

Der Norden Kaliforniens –
wo die Natur ihre Show abzieht

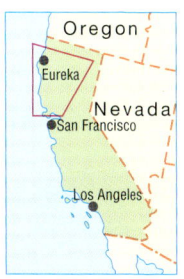

Lange, menschenleere *Küsten*, wilde *Klippen*, schlafende *Vulkane*, deren Gipfel auch im Sommer von Schnee bedeckt sind. Sprudelnde Sulfatquellen, blubbernde Schlammtöpfe, endlose *Wälder*. Ist das Kalifornien? Aber ja, es ist der eher unbekannte Norden des großen Bundesstaates. Während im Süden das gängige Klischee von Sonne, Strand und Spaß greift, überrascht Kalifornien dort mit romantisch-rauen Naturspektakeln. Die **Redwoods**, mehr als 100 m hohe Baumriesen, die schon zu Zeiten der Saurier auf der Erde wuchsen, findet man heute noch in den Küstenwäldern zwischen San Francisco und Oregon. Allein um sie zu sehen, würde sich die Reise nach Nordkalifornien lohnen. Fährt man von San Francisco aus Richtung Norden, erlebt man noch andere Naturschauspiele: Wer statt der mehrspurigen US 101 den berühmten **Highway #1** wählt, der sich in vielen Kurven gen Norden schlängelt, sieht neben beeindruckenden *Steilküsten* auch einsame *Strände* und scheinbar unberührte *Landschaften*. Darüber hinaus locken Orte wie das idyllische **Mendocino** oder **Eureka** mit seinen hübschen viktorianischen Häusern. Auf keinen Fall sollte man einen Besuch der **Weinanbaugebiete** nordöstl. von San Francisco versäumen. Und wer sich zwischen **Napa Valley** und **Sonoma Valley** nicht nur mit Schauen begnügen will, kann die zahlreichen Weine testen!

8 Muir Woods National Monument

Riesenbäume zum Staunen und ein beliebter Pazifikstrand.

Nur 20 km nördl. von San Francisco kann man die legendären **Redwood Trees** im Muir Woods National Monument bewundern. Knapp 80 m hoch werden hier die gewaltigen Bäume, die meist in kleinen Kreisen, Familien, gruppiert wachsen. Die Wissenschaft bezeichnet die Baumriesen als *Sequoia sempervirens*. Vor 140 Mio. Jahren bedeckten sie noch große Teile der Nordhalbkugel, heute sind sie aber nur noch an der Küste von Nordkalifornien zu finden. John Muir, der Namensgeber des Parks, hatte sich um die Einrichtung zahlreicher *Pflanzenschutzgebiete* verdient gemacht und zumindest dort der hemmungslosen Abholzung Einhalt geboten.

Man kann sich das Naturwunder zu Fuß erschließen und hat die Wahl zwischen einem gemütlichen Spaziergang von 800 m Länge und anspruchsvollen

◁ *Aufregend anders: spektakuläre Küste bei Mendocino*

Wanderungen bis in den benachbarten *Mount Tamalpais State Park*.

TOP TIPP Stinson Beach

Stinson Beach ist ein herrlicher, 1,5 km lange Pazifikstrand, nur wenige Kilometer nordwestl. am Fuß des *Mount Tamalpais* gelegen. Ideal ist er für Strandspaziergänge, zum Surfen und Baden.

ℹ Praktische Hinweise

Information
Muir Woods National Monument,
Mill Valley, Tel. 415/388-25 95,
www.nps.gov/muwo

Hotel
The Pelican Inn, Hwy. #1/10 Pacific Way, nahe Muir Beach, Tel. 415/383-60 00, Fax 415/383-34 24, www.pelicaninn.com. Mit Antiquitäten eingerichtetes Bed & Breakfast-Inn. Luxusklasse.

Restaurant
Sand Dollar Restaurant, 3458 Shoreline Hwy. #1, Tel. 415/868-04 34. Seit 1921 leckere Fisch- und Fleischgerichte.

Wohlgeraten: Hügellandschaft in knackigem Grün bei Mount Tamalpais

9 Fort Ross Historic State Park

Ein Kapitel der russisch-amerikanischen Geschichte und Hitchcock lassen grüßen!

Nördl. von Stinson Beach führt der *Highway #1* an der **Drake's Bay** vorbei. Dort ging möglicherweise der Freibeuter Francis Drake 1579 mit seinem Schiff ›Golden Hinde‹ vor Anker. Auch das Landschaftsschutzgebiet der **Point Reyes National Seashore** passiert der Highway. Im *Bear Valley Visitor Center* nahe Olema sind Karten erhältlich, die den Weg zu besonders spektakulären Küstenabschnitten weisen.

Entree zur Baumwunder-Welt: Muir Woods National Monument

Einige Kilometer weiter, bei Bodega Bay, drehte Alfred Hitchcock 1963 seinen Film ›Die Vögel‹. Das *Tides Wharf Restaurant* sieht genauso aus wie das Lokal, in dem viele Szenen des Films spielen.

Über die frühere Präsenz der Russen in Kalifornien kann man sich im **Fort Ross State Historic Park** (tgl. 10–16.30 Uhr) informieren. Das rekonstruierte Fort Ross wurde 1812 von aus Alaska kommenden Pelzhändlern errichtet. Seit dem Beginn des 20. Jh. ist es als *historisches Denkmal* in Staatsbesitz. Neben Besichtigungstouren finden in der Festung auch häufig *kulturelle Veranstaltungen* statt.

ℹ️ Praktische Hinweise

Information

Fort Ross State Historic Park, 19005 Hwy. # 1, Jenner, Tel. 707/847-32 86, www.parks.ca.gov

Restaurant/Hotel

River's End Restaurant, 11048 Hwy. # 1, Jenner, Tel. 707/865-24 84, www.ilovesunsets.com. Einfallsreiche Gerichte und 7 Zimmer.

10 Mendocino

Künstlerkolonie im malerischen Ort und eine Fahrt mit dem ›Stinktierzug‹.

Die charaktervolle Küste um Mendocino wechselt zwischen scharfkantigen Klippen, sanft zum Meer abfallenden Wiesen und bewaldeten Hängen, unterbrochen von sichelförmigen Sandstränden. Die alte Holzfällersiedlung Mendocino wurde in den 1960er-Jahren von Künstlern aus San Francisco entdeckt, und schnell mauserte sich der idyllische Ort mit seinen bunten viktorianischen Häusern zum beliebten Ferienziel. Auch wenn er nach wie vor als **Künstlerkolonie** gilt, haben sich viele Maler, Bildhauer und Töpfer wegen der hohen Mieten inzwischen in anderen Orten niederlassen müssen. Ihre Arbeiten werden allerdings weiterhin in den Galerien des Städtchens ausgestellt, allen voran im **Mendocino Arts Center** (45 200 Little Lake St., www.mendocinoartcenter.org, Tel. 707/937-58 18), in dem man auch sonst allerlei über Mendocino und seine Umgebung erfahren kann.

Von **Fort Bragg** aus – ein nur wenige Kilometer nördl. von Mendocino gelegener Ort mit vielen Sägemühlen und Holzverladestationen – kann man eine Fahrt mit dem **Skunk Train** (Laurel St., Tel. 707/964-63 71, www.skunktrain.com) buchen. Der Zug, der früher Baumstämme transportierte, fährt heute mit kleinen und großen Eisenbahnfans an Bord auf der 65 km langen ›Redwood Route‹ durch die Küstenwälder, vorbei an Redwood Trees, über Brücken und durch Tunnels bis nach **Willits** und zurück. Da heute keine mit Gas getriebenen Loks mehr eingesetzt werden, wie dies vor 77 Jahren der Fall war, stinkt der Zug auch nicht mehr wie ein *Skunk* – ein Stinktier.

Mit den Russen den Rubel rollen lassen: Touristenattraktion Fort Ross

Von Künstlern entdeckt, von Besuchern geliebt – der Küstenort Mendocino

ℹ Praktische Hinweise

Information

Mendocino County Alliance, 525 S. Main St., Suite E, Ukiah, Mendocino, Tel. 707/462-74 17, www.gomendo.com

Hotel

Joshua Grindle Inn, 44800 Little Lake Rd., Mendocino, Tel. 707/937-41 43, www.joshgrin.com. Viktorianische Bed & Breakfast-Herberge nahe der Küste.

Restaurant

Café Beaujoulais, 961 Ukiah St., Mendocino, Tel. 707/937-56 14. Organisch-kalifornische Küche, leichte und leckere Gerichte.

11 Humboldt Redwoods State Park

TOP TIPP *Das Tor zum Reich der Redwoods mit den höchsten Bäumen der Welt.*

Nördl. von Fort Bragg führt der Highway # 1 weitere spektakuläre 50 km an der Pazifikküste entlang, um dann nach Osten abzuknicken. Bei *Leggett* verbindet sich der Highway mit der US 101. Hier beginnt *Redwood Country*, das Reich der kirchturmhohen Sequoia-Bäume. Wer will, kann mit seinem Auto am Rand von Legett durch einen künstlich in den Stamm geschlagenen ›Torweg‹ mitten durch die Basis des 96 m hohen **Chandelier Tree** fahren.

Wenige Kilometer nach *Garberville* zweigt die sanft geschwungene, 53 km lange **Avenue of the Giants** von der US 101 ab. Sie führt vorbei an einigen der mächtigsten Bäume des **Humboldt Redwoods State Park**. In dem 200 km² großen Schutzgebiet wachsen die *Sequoia sempervirens*. Die imposanten Lebewesen stellen die höchstwachsenden Bäume der Welt dar. Vorläufer der Sempervirens gab es bereits vor 140 Mio. Jahren im Jura. Der kalifornische Schriftsteller *John Steinbeck* nannte sie deshalb »Botschafter aus einer anderen Welt«. Die Bäume werden mit mehr als 100 m nicht nur extrem hoch, sondern auch uralt. Einzelne Exemplare haben mehr als 2000 Jahre ›auf dem Wipfel‹. Ein kleiner Trieb braucht rund 200 Jahre, um seine Brüder an Größe einzuholen.

Praktische Hinweise

Information

Visitors Center, südl. von Weott, Tel. 707/946-2263, www.humboldtredwoods.org

Hotel

Benbow Inn, 445 Lake Benbow Dr., Garberville, Tel. 707/923-2124, Fax 707/923-2897. www.benbowinn.com. Historischer Gasthof (Nichtraucher) am Eelriver mit Zimmern und Cottages sowie gutem Frischerestaurant. Ausgezeichnete Weinkarte.

Miranda Gardens Resort, 6766 Avenue of the Giants, Miranda, Tel. 707/943-3011, Fax 707/943-3584, www.mirandagardens.com. Rustikale, komfortable Hütten, einige mit Kamin. Mittlere Preisklasse.

Riverwood Inn, 2828 Avenue of the Giants, Phillipsville, Tel. 707/943-1776, Fax 707/943-3333, www.riverwoodinn.info. Highway Roadhouse mit leckerer mexikanischer Küche, am Samstag auch Livemusik.

12 Eureka

Viktorianische Bürgervillen und Indianerkunst.

Als James Ryan nach einem langen Trip auf einem Walfangschiff im Mai 1850 hier an Land ging, soll er ›Eureka‹, also ›Ich ha-

Pelze für Väterchen Zar

Die **Kashaya Pomo Indianer** wunderten sich. Bisher waren sie von weißen Eindringlingen in Ruhe gelassen worden. Nun aber ankerte ein Segler in der Bucht, dort, wo auf einer kleinen Anhöhe ihre Siedlung **Meteni** lag. 25 Russen und 85 Aleuten aus Alaska kamen an Land und begannen, ein Lager zu bauen. An diesem Tag im März 1812 war es mit dem ruhigen Leben der Küstenindianer für immer vorbei.

Die Pelzjäger und Händler gehörten zur **Russisch-Amerikanischen Gesellschaft**, die seit 1799 im Auftrag des Zaren Siedlungen in Alaska errichtete und **Pelzhandel** betrieb. In Alaskas Hauptstadt Nova Archangelsk, dem heutigen Sitka, wurde die Entscheidung gefällt, den Jägern, die auch bei den Channel Islands vor Los Angeles nach den wertvollen Pelzen der Seeotter jagten, eine Basisstation in Kalifornien einzurichten. Die Siedlung sollte zusätzlich Lebensmittel, Fleisch und Getreide für die unterversorgten Niederlassungen in Alaska bereitstellen. Da die Spanier inzwischen bis San Francisco vorgedrungen waren, entschied man sich für einen Platz nördl. von **Bodega Bay**: Den Pomo Indianern wurde ein Stück Land abgekauft für »3 Decken, 3 Hosen, 2 Äxte, 3 Hacken und einige Perlen«. Fort Rossiya, wie **Fort Ross** zunächst hieß, war schnell errichtet, es hatte einen ähnlichen Grundriss wie viele andere russische Befestigungen in Sibirien oder Alaska.

Eine Palisade aus hohen Redwood-Stämmen umschloss den großen Innenhof, in dem der Sitz des Kommandanten, die Wohnquartiere für Verwaltungsangestellte und Arbeiter sowie verschiedene Lager- und Werkstattgebäude Platz hatten. Ein Brunnen sorgte für Trinkwasser, eine kleine russisch-orthodoxe Kapelle für geistliche Betreuung. Außerhalb des geschützten Terrains pflanzten die Russen Obstbäume, wurde Gemüse gezogen und Vieh gehalten. Bald entwickelte sich ein **Dorf** mit 60–70 Gebäuden, in denen Indianer und Hilfspersonal lebten. Von den knapp 1000 Bewohnern, welche die Kolonie in ihren besten Zeiten beherbergte, kamen jedoch nur etwa 100 aus Russland. Die übrigen waren Indianer oder Pelztierjäger von den Aleuten.

Nachdem die Jagd nach Seeottern deren Bestand bereits um 1820 drastisch dezimiert hatte, kam der kalifornischen Niederlassung eine wachsende Bedeutung für die **Versorgung** der russischen Kolonie in Alaska zu. Auf Grund mangelhafter Kenntnisse und fehlender Neigung, sich ernsthaft mit der Landwirtschaft zu befassen, hatte man dabei jedoch nur geringen Erfolg.

1839 schlossen die Russen mit der **Hudson Bay Company** einen Vertrag über die Versorgung mit Lebensmitteln. Bereits zwei Jahre später zogen sie sich ganz aus Kalifornien zurück und verkauften ihr Fort für $30000 an John Sutter aus Sacramento [s. S. 65].

Üppig ausgefallen: detailverliebtes Carson Mansion in Eureka

be es gefunden‹, gerufen haben. Zumindest hatte er einen natürlichen Hafen entdeckt, der heute im südl. Teil *Humboldt Bay* und im größeren nördl. Teil *Arcata Bay* heißt und neben San Francisco der wichtigste Hafen Nordkaliforniens ist. In der schachbrettartigen **Old Town** von Eureka stehen noch ca. 100 meist in *viktorianischem Stil* erbaute Häuser, darunter das mit Ornamenten überfrachtete **Carson Mansion** (2nd St./143 M St.) von 1885.

Über die Lebensumstände im 19. Jh. informiert das **Clarke Historical Museum** (240 E St., Di–Sa 11–16 Uhr), das Möbel und Glas aus der Gründerzeit zeigt. Zudem verfügt es über eine ausgezeichnete Sammlung indianischer Kunst. Wer indianische Artefakte nicht nur sehen, sondern auch kaufen will, sollte die gut sortierte **American Indian Art Gallery** (241 F St., Mo–Sa 10–16.30 Uhr) besuchen.

ℹ Praktische Hinweise

Information

Humboldt County Convention & Visitors Bureau, 1034 2nd St., Eureka, Tel. 707/443-50 97, Fax 707/443-51 15, www.redwoodvisitor.org

Hotel

Abigail's Elegant Victorian Mansion, 1406 C Street, Eureka, Tel. 707/444-31 44, www.eureka-california.com. Gemütliche Herberge mit individuell eingerichteten Zimmern. Opulentes Frühstück. Luxusklasse.

Restaurant

Samoa Cookhouse, Samoa Rd., Samoa Peninsula, Tel. 707/442-16 59. ›Good ol' American food‹ mit gigantischen Portionen schon zum Frühstück, Mittag- und Abendessen zu moderaten Preisen. Ein Holzfällermuseum gehört auch dazu.

13 Redwood National Park

Der Anblick der Küstenwälder mit den Mammutbäumen ist ein geradezu mystisches Erlebnis.

Wer die imposanten Sequoia-Wälder des Humboldt State Park [s. S. 54] gesehen hat, dessen Interesse ist sicherlich geweckt für den Besuch des weiter nördl. gelegenen Redwood National Park. Das 450 km² große Terrain zieht sich oberhalb von Eureka auf einer Länge von mehr als 60 km an der Pazifikküste entlang.

Auch wer nicht viel laufen mag, kann das Wunder der Redwoods bestaunen. Die **Howland Hill Road** führt von der US 101 durch einige schöne Abschnitte des Nationalparks. Viele kurze und lange **Wanderwege**, insgesamt mehr als 300 km, erschließen die einzigartige Landschaft. Ein interessanter Lehrpfad im **Lady Bird Johnson Grove** gibt Aufschluss über die Lebensbedingungen der Baumriesen.

Vom *Haupteingang* (bei Orick im Süden) startet eine von Rangern geführte Wanderung zum **Tall Trees Grove** (auch mit dem Shuttle Bus erreichbar). Hier stehen die gewaltigsten der Redwood-Bäume, unter ihnen der **National Geographic Tree**, der lange als höchster Baum der Welt galt. Mittlerweile hat man diesen Titel einem 115,5 m hohen Baum in einem abgelegenen Teil des Parks zuerkannt. Beim **Fern Canyon** direkt an der Küste erlebt man ein Naturkunstwerk aus Farnen und Moosgebilden. Auf der **Elk Prairie** kann man die Wapiti-Hirschen beim Grasen zusehen. Übrigens: *Zelten* ist im Park möglich. Die Erlaubnis holt man beim *Redwood Information Center* (s. u.) ein.

Der längste und eindrucksvollste Wanderweg ist der **Coastal Trail**, der über nahezu 50 km durch majestätische Wälder führt, an wilden Küsten und schönen Stränden entlang.

ℹ️ Praktische Hinweise

Information

Redwood National Park Headquarters, 1111 2nd St., Crescent City, Tel. 707/464-61 01, Fax 707/464-18 12, www.nps.gov/redw – **Redwood Information Center**, bei Orick am Südrand des National Park. Dort erhält man auch die Broschüre

›Trails‹ mit einer Übersicht über die *Wanderwege* im National Park.

Hotel

Curly Redwood Lodge, 701 Redwood Hwy. South (US 101), Crescent City, Tel. 707/464-21 37, Fax 707/464-16 55, www.curlyredwoodlodge.com. Uriges Hotel, teils aus einem Redwood-Baum ›geschnitzt‹, nahe beim National Park.

Hostelling International, 14480 US 101, Tel. 707/482-82 65, www.norcalhostels.org. Einzige Unterkunft im Park, für Jugendliche und Erwachsene. Tagsüber 10-17 Uhr geschl., untere Preisklasse.

Sie gebieten Ehrfurcht: Riesenbäume im Redwood National Park

Kultischer Berg – der Mount Shasta wird von ▷
Spiritualisten verehrt

Restaurants

La Hacienda Restaurant, 121137 Hwy. 101,
Orick, Tel. 707/488-25 20. Das familiäre
mexikanische Restaurant hat vernünf-
tige Preise. Es liegt gleich beim Orick
Post Office, nördlich der Brücke über
den Redwood Creek.

14 Lassen Volcanic National Park

Grüße aus der Tiefe der Erde.

Der größte Teil des 3187 m hohen **Lassen
Peak** liegt in einer Caldera (Felsring), dem
Überrest einer gewaltigen vulkanischen
Explosion vor etwa 300 000 Jahren. Der
Berg ist als einer der wenigen Vulkane
Nordamerikas noch immer aktiv. Zuletzt
brach er im Jahr 1915 aus und spie eine
10 km hohe Wolke aus Feuer und Geröll
aus. Seitdem blubbert, zischt und faucht
es nur noch aus heißen Wasser- und
Schlammquellen.

Von der **Lassen Park Road**, die den
westl. Teil des 43 km² großen National
Park kurvenreich durchkreuzt, hat man
spektakuläre *Ausblicke* auf die umliegenden Gipfel, auf die von Gletschern ge-

Unten: *Ein Hirsch kommt selten allein –
Tierbeobachtung im Redwood National
Park*

formten Bergseen und die Rauch- und Dampfsäulen von *Hot Springs* und *Bumpass Hell*. An den Parkplätzen starten leichte Spaziergänge: Ein knapp 5 km langer **Rundweg** führt durch das *Thermalquellengebiet* von Bumpass Hell, wo man heiße Quellen, kochende Pools und Schlammtöpfe sieht. Es gibt im Park aber auch anspruchsvolle Wanderwege: Beim 8 km langen **Lassen Peak Trail** muss man 700 m Höhenunterschied bewältigen. Dafür wird man dann mit einem Traumblick belohnt!

Mount Shasta

Vom Gipfel des Lassen Peak können Wanderer bei gutem Wetter in etwa 120 km Entfernung den mächtigen, 4305 m hohen Mount Shasta im Norden erkennen. Die Indianer glaubten, dass dieser allzeit mit Eis und Schnee bedeckte Vulkan Heimstatt des *Großen Geistes* sei und blieben aus Ehrfurcht dem Gipfel des Berges fern. Auch heute noch ist er Gegenstand mystischer Verehrung. Spiritualisten unterschiedlicher Richtungen rechnen den Mount Shasta zu einem der ›sieben harmonischen Punkte‹ auf der Erde. Seine Umgebung eignet sich hervorragend für *Bergtouren* und *Spaziergänge*. Wassersportfreunde kommen am **Shasta Lake** auf ihre Kosten.

ℹ Praktische Hinweise

Information

Lassen Volcanic National Park Headquarters, Hwy. 36, Mineral, Tel. 530/595-44 44, Fax 530/595-32 62, www.nps.gov/lavo – **Loomis Museum**, Manzanita Lake, Tel./Fax wie oben. Informations- und Dokumentationszentrum zum Lassen Peak. Führungen durch Ranger.

Bed & Breakfast

Bidwell House, 1 Main St., Chester, Tel./Fax 530/258-33 38, www.bidwellhouse.com. Originelles B & B in einer früheren Sommervilla. Herrliche Umgebung, fantastisches Frühstück. Mittlere Preisklasse.

Restaurant

Summer Chalet Café, am Südeingang des Park, Tel. 530/595-33 75. Das einzige Lokal im Park bietet eher durchschnittliche Kost. Aber man kommt ja schließlich nicht zum Essen in die Wildnis …

Im Napa Valley und Sonoma Valley wachsen Trauben für Spitzenweine

15 Napa Valley und Sonoma Valley

Köstliche Weine, die sogar nach Frankreich und Italien exportiert werden.

In der harmonischen, leicht hügeligen Landschaft nördl. der San Francisco Bay liegen die beiden wichtigsten **Weinanbaugebiete** von Kalifornien – Napa Valley und Sonoma Valley. In den breiten Flusstälern des Sonoma Creek und des Napa River reihen sich die bekannten Weingüter aneinander wie Perlen an einer Kette.

Kleine, beschauliche Orte im Napa Valley wie *Yountville, Rutherford, St. Helena* und *Calistoga* sowie *Sonoma* oder *Glen Ellen* im Sonoma Valley erleben an den Wochenenden und vor allem zur Zeit der Weinlese eine Invasion von Ausflüglern aus San Francisco und den anderen Städten der Bay.

Die meisten Besucher benutzen den *Hwy. 29*, die Hauptachse des **Napa Valley**. Von hier aus bieten sich zahlreiche Möglichkeiten, Weingüter zu besuchen und dabei so manch guten Tropfen zu probieren. Einen anderen Blick auf das Napa Valley genießt man bei *Heißluftballonfahrten* oder bei Touren mit dem *Napa Valley Wine Train*.

Im **Sonoma Valley** werden nicht nur Spitzenweine gekeltert, es gehört zudem zu den Anbauregionen für Gemüse und ist ein bedeutendes Zuchtgebieten für Schafe und Geflügel. Die heißen Quellen von *Agua Caliente*, *Hot Springs* und *Calistoga* werden für Heilbäder genutzt und deuten darauf hin, wie aktiv der Untergrund im Westen von Kalifornien ist.

Der **Jack London State Historic Park** (2400 London Ranch Rd., tgl. 9.30–19 Uhr, winters bis 17 Uhr) in *Glen Ellen* erinnert an den berühmten Schriftsteller [s. S. 46], der hier 1916 an einer Überdosis Schlaftabletten starb.

Das **Charles M. Schulz Museum** (www.schulzmuseum.org, 2301 Hardies Lane, sommers Mo–Fr 11–17, Sa/So 10–17 Uhr, winters Mo, Mi–Fr 12–17, Sa/So 10–17 Uhr) in *Santa Rosa* entführt Besucher in den Cartoon-Kosmos von Charlie Brown und Snoopy.

ℹ Praktische Hinweise

Information

Napa Valley Conference & Visitors Bureau, 1310 Napa Town Center, Tel. 707/226-74 59, Fax 707/255-20 66, www.napavalley.com – **Sonoma Valley Visitors Bureau**, 453 First St. East, Sonoma, Tel. 707/996-10 90, Fax 707/996-92 12, www.sonomavalley.com

Copia, American Center for Wine, Food & the Arts, 500 1st St., Napa, Tel. 707/259-16 00, www.copia.org. Alles über Wein, Essen und Lebensart (Mi–Mo 10–17 Uhr).

Touren

Ballonfahrten: Adventures Aloft, Tel. 707/944-44 08, www.nvaloft.com

Zugfahrten: Napa Valley Wine Train, Tel. 707/253-21 11, www.winetrain.com. Die Züge fahren vom Bahnhof 2nd Av./1st St. in Napa ab, unterwegs wird man mit köstlichen Speisen verwöhnt.

Hotels

Sonoma Hotel, 19 West Spain St., Sonoma, Tel. 707/996-29 96, www.sonomahotel.com. Nostalgisches Boutique-Hotel im Zentrum, Frühstück inklusive. Mittlere Preisklasse.

St. Helena, 1309 Main St., St. Helena, Napa Valley, Tel. 707/963-43 88, Fax 707/963-54 02. Originelles Hotel mit Gartenterrasse im Zentrum. Obere Preisklasse.

Restaurants

Bistro Don Giovanni, 4110 Howard Lane, Napa, CA 94558, Tel. 707/224-33 00, Lunch und Dinner tgl., Terrasse mit Blick auf die Weinberge. Reservierung empfohlen.

Mustards Grill, 7399 St. Helena Hwy. (am Hwy. 29/nördl. von Yountville), Tel. 707/944-24 24. Das Restaurant hat seine vielen Auszeichnungen für hervorragende Küche zu Recht erhalten.

 Wine Spectator Greystone Restaurant, 2555 Main St., St. Helena, Tel. 707/967-10 10. www.ciachef.edu/restaurants/wsgr. Im Restaurant der berühmten Kochschule *Culinary Institute of America* wird bewiesen, dass man hier tatsächlich etwas lernt: Ein wahrer Gaumenschmaus. Hervorragende Weine.

Weingüter

Beringer Winery, 2000 Main St./Hwy. 29, St. Helena, Tel. 707/963-71 15, www.beringer.com, sommers tgl. 10–18 Uhr, winters tgl. 10–17 Uhr. Das alte Rhine House erinnert an die deutsche Herkunft der Gründer.

Charles Krug Winery, 2800 Main St., St. Helena, Tel. 707/963-50 57, www.charleskrug.com, tgl. 10.30–17 Uhr. Das älteste Weingut in Napa Valley wurde 1861 gegründet. Täglich wird in der Kellerei ein interessantes 45-minütiges ›Weinseminar‹ veranstaltet.

Clos Pegase, 1060 Dunaweal Lane, Calistoga, Tel. 707/942-49 81, www.clospegase.com, tgl. 10.30–17 Uhr. Das vom Stararchitekten Michael Graves entworfene Gebäude allein ist schon sehenswert.

Domaine Chandon, 1 California Dr., Yountville, Tel. 707/944-22 80, www.chandon.com, Jan.–Apr. So–Fr 10–17, Sa 10–18 Uhr, Mai–Dez. So–Do 10–18, Fr/Sa 10–19 Uhr. Tochter des französischen Hauses Moët et Chandon, gute Sektsorten.

Robert Mondavi Winery, 7801 St. Helena Hwy., Oakville, Tel. 707/226-13 95, www.robertmondaviwinery.com, tgl. 10–17 Uhr. Modernes Weingut im Stil einer kalifornischen Mission. Hier reift der exzellente ›Opus One‹!

Sierra Nevada –
von Goldrausch und Gipfelglück

Als James Marshall am 24. Januar 1848 durch Zufall **Gold** im Flussbett des American River bei Coloma fand, wurde das *moderne Kalifornien* geboren. Anhaltende Zweifel über die Funde räumte US-Präsident Polk im Dezember 1848 persönlich aus, als er kalifornisches Gold öffentlich präsentierte und damit die größte **Völkerwanderung** in der amerikanischen Geschichte auslöste. Kalifornien, das erst kurz zuvor der Republik Mexiko als Kriegsbeute geraubt worden war und in dem nur 7000 weiße Siedler lebten, wurde zum Ziel von mehreren Hunderttausend *Goldsuchern* und *Glücksrittern*. Auch wenn der Goldrausch bereits nach drei Jahren wie ein Spuk vorüber war und die Minen in die Hände von Bergwerksgesellschaften kamen, das Land war nun wie auf einen Schlag besiedelt. Die größten Reichtümer häuften in dieser Zeit auch nicht Goldsucher an, sondern Händler, die die sprunghaft wachsende Bevölkerung versorgten. **Sacramento**, strategisch günstig am Rande der Goldfelder gelegen, wurde zur Hauptstadt des Bundesstaates erklärt. **Ghost towns** – verlassene Minenstädte – beiderseits der Sierra Nevada erinnern noch heute an die wilden Gründungsjahre.

Das Hochgebirge der **Sierra Nevada** blieb selbst zur Hochzeit des Goldrauschs von Hektik und Betriebsamkeit verschont. Die majestätischen, bis zu 4000 m hohen Berge blicken auf tief bewaldete Trogtäler, auf Flüsse, Wasserfälle und Bergseen wie den traumhaft gelegenen, tiefblauen **Lake Tahoe**. In der Sierra Nevada wachsen die mächtigsten Bäume der Welt, **Riesensequoias**, die bis zu 3000 Jahre alt werden: Ein Besuch des **Yosemite National Park**, von **Kings Canyon und Sequoia National Parks** gibt einen überwältigenden Findruck von den landschaftlichen Reizen Kaliforniens.

16 Sacramento

Die Boomtown der Goldgräberzeit wurde 1854 zur Hauptstadt des Bundesstaates.

Heute liegt Sacramento deutlich abseits der führenden Wirtschaftsmetropolen, doch vor knapp 150 Jahren war die Entscheidung logisch, das Versorgungszentrum des ›Goldenen Westens‹ auch zur **Hauptstadt**, zur politischen Zentrale des Bundesstaates zu ernennen. Die ersten Vermögen wurden in Sacramento von den Geschäftsleuten erwirtschaftet, die mit Bauholz, Minenausrüstungen und Lebensmitteln für Arbeiter und Prospektoren im Goldfördergebiet handelten. Die Gewinne aus diesem Geschäft, zu-

Schaumhaft: Wasserfall und Regenbogenbrücke im Yosemite National Park

dem eine gehörige Portion Weitsicht und Rücksichtslosigkeit befähigten die ›Big Four‹ aus Sacramento – Charles Crocker, Leland Stanford, Collis Huntington und Mark Hopkins –, den Bau einer transkontinentalen Eisenbahnverbindung zu finanzieren.

Bis 1869 der letzte Nagel der Schienenstrecke in Utah eingeschlagen wurde, erhielt die Central Pacific Railroad Co. der ›Big Four‹ für jede fertig gestellte Meile $ 18 000 von der US-Regierung sowie große Landschenkungen beiderseits der Bahntrasse. Kein Wunder, dass so manche Hochschule, diverse Museen, Straßen und Nobelhotels in Kalifornien noch heute die Namen der Eisenbahnmagnaten und mächtigen Landespolitiker tragen.

Sacramento hat sich in den letzten Jahren vom Image einer langweiligen, provinziellen Bürokraten-Hochburg befreien können. Die Mischung aus moder-

nen *Verwaltungs- und Hotelbauten* und aufwendig restaurierten *historischen Gebäuden* im Zentrum ist recht reizvoll, und eine boomende Wirtschaft sorgt für ein rasches Wachstum der 400 000 Einwohner (Großraum 1,7 Mio.) zählenden Stadt.

Die in *Adobe-Bauweise* errichteten Gebäude von **Sutter's Fort** (2701 L St., Tel. 916/445-44 22, tgl. 10–17 Uhr), 1839 erbaut und heute Sutter's Fort State Historical Park genannt, gehören zu den ältesten Bauwerken der Stadt und geben einen Eindruck vom *Pionierleben* vor 10 Jahren. Der befestigte Verwaltungsstützpunkt des deutschstämmigen Johann (John) August Sutter aus Baden, der sich schon während der mexikanischen Herrschaft in Kalifornien angesiedelt und große Ländereien erworben hatte, wurde während des Goldrausches ebenso überrannt wie seine übrigen Besitzungen im Goldgebiet. Sutter starb 1880 vergessen und verarmt in Washington D. C. In den restaurierten Gebäuden des Forts ist das **State Indian Museum** (2618 K St., Tel. 916/324-09 71, tgl. 10–17 Uhr) untergebracht, das Geschichte und Kultur der mehr als 100 indianischen Stämme darstellt, die vor Ankunft der Europäer in Kalifornien lebten.

In **Old Sacramento** kann man auf Kopfsteinpflaster und hölzernen Gehsteigen an über 100 rekonstruierten historischen Gebäuden entlangschlendern, in denen heute Restaurants, Kneipen, Souvenirläden und kleine Museen untergebracht sind. Das **State Railroad Museum** (111 I St./2nd St., Tel. 916/445-66 45, www.csrmf.org, tgl. 10–17 Uhr) ist in einem aus Stahl, Glas und Ziegelsteinen errichteten, imposanten Gebäude untergebracht. Es beherbergt neben 21 *Lokomotiven* und *Eisenbahntriebwagen* auch eine interessante Dokumentation zur großen Zeit der Eisenbahn in den USA. Die auf der gegenüberliegenden Straßenseite befindliche **Central Pacific Passenger Station** war 1870 der westl. Endpunkt der ersten transkontinentalen Bahnstrecke.

Das **Crocker Art Museum** (216 O St., Tel. 916/264-54 23, www.crockerartmuseum.org, Di–So 10–17 Uhr, Do 10–21 Uhr) präsentiert neben Zeichnungen europäi-

Nicht nur von außen eine Schau: Kuppel des California State Capitol in Sacramento

scher Meister wie Dürer und Rembrandt und Malerei des 16. und 17. Jh. eine imponierende Sammlung von Arbeiten kalifornischer Künstler.

Das prunkvolle **California State Capitol** mit seiner goldenen Kuppel wurde 1869–74 nach dem Washingtoner Vorbild errichtet. Es liegt im Capitol Park, dem Zentrum der Stadt. Hier tagen die beiden gesetzgebenden Kammern des Bundesstaates. Im Rahmen der *Führung* (tgl. 9–16 Uhr, jede volle Stunde) kann man auch einen Blick in die Tagungsräume der Abgeordneten werfen.

Im **California Museum for History, Women and the Arts** (1020 O St., Tel. 916/653-75 24, www.californiamuseum.org, Di–Sa 10–17, So 12–17 Uhr) wird die Geschichte Kaliforniens anhand historischer Exponate und multimedialer Installationen präsentiert.

ℹ **Praktische Hinweise**

Information

Sacramento Convention & Visitors Bureau, 1608 I St., Sacramento, Tel. 916/808-77 77, Fax 916/808-77 88, www.sacramentocvb.org

*Gutes Pflaster für Kunst, Küche und Konsum: Eisenbahnmuseum (**oben**), Crocker Art Museum (**Mitte links**), ›Fats Grill & Wok‹-Restaurant (**Mitte rechts**) und Einkaufszentrum (**unten**) in Sacramento*

Auf dem Highway 49 kamen die Goldsucher

Hotel

Sterling Hotel, 1300 H St., Sacramento, Tel. 916/448-13 00, Fax 916/448-80 66, www.sterlinghotel.com. Geschmackvolles kleines Hotel mit Restaurant in viktorianischer Stadtvilla. Obere Preisklasse.

Restaurants

Biba, 2801 Capitol Ave., Sacramento, Tel. 916/455-24 22, So geschlossen. Köstliche ländliche Küche all' Italiana.

Rubicon Brewing Company, 2004 Capitol Ave., Sacramento, Tel. 916/448-70 32. Bier aus der hauseigenen Brauerei, leckere Snacks und Jazz am Wochenende.

Zum Henker! Heute sind derlei Methoden in Placerville zum Glück passé

17 Highway # 49

Goldgräberromantik und Geisterstädte.

Auburn – Coloma – Placerville

Der legendäre Highway # 49 verbindet die früheren Goldgräberstädte von *Nevada City* bis *Mariposa*, das nicht weit entfernt vom Yosemite National Park im Süden liegt. Benannt ist der Highway nach dem Goldjahr 1849, die eifrigen Goldsucher nannte man *Forty-niners*. Manche der alten Orte sind verlassen, machen einen Eindruck wie längst vergessene Kulissen von Western-Filmen – und sind doch deren Vorbilder. Vereinzelt sieht man sogar noch einen Goldsucher, der mit seiner Pfanne im Fluss steht und Goldnuggets aus dem Gestein wäscht.

Die Realität der **Goldförderung** in Kalifornien sah jedoch schon immer weit weniger romantisch aus. Die ersten Goldsucher der 1850er-Jahre durchsiebten noch den Sand in den Flussläufen, mancher mag sogar sein Glück gemacht haben. Doch schon ab 1855 waren die oberirdischen Lager erschöpft. Nur noch kapitalkräftige Bergbaugesellschaften waren aber zu den Investitionen in schweres Gerät in der Lage, mit dem ganze Berghänge mit Wasser aus Hochdruckrohren weggespült, quarzhaltige Gesteinsschichten in die Luft gesprengt oder kilometerlange Schächte durch den Fels gegraben wurden, um aus dem später zermahlenen Gestein das Gold chemisch herauszulösen. Um 1880 waren die meisten Lager endgültig erschöpft. Insgesamt hatte man bis dahin Gold im heutigen Gegenwert von etwa 25 Mrd. $ aus dem Boden geholt.

Auburn

Im **Gold Country Museum** (1273 High St., Tel. 530/889-65 00, Di–So 11–16 Uhr) von Auburn sind Werkzeuge und Transportmittel aus den Anfangstagen der Goldförderung ausgestellt. In einem dazugehörigen Bach können Besucher versuchen, Goldkörner aus dem Wasser herauszuwaschen.

Coloma

Der **Marshall Gold Discovery State Historic Park** (130 Back St., Tel. 530/622-34 70, tgl. 8 Uhr bis Sonnenuntergang) nimmt einen großen Teil des historischen Coloma ein. Am Ufer des südl. Armes des American River sah James Wilson Mar-

Lockruf der Sägezähne

Sierra Nevada bedeutet – wörtlich übersetzt – ›von Schnee bedeckte Sägezähne‹. Zwar sind die Gletscher der **kalifornischen Alpen**, die sich auf einer Breite von etwa 120 km parallel zur Pazifikküste am östl. Rand des bevölkerungsreichsten Bundesstaates über rund 650 km vom Südzipfel der Cascade Range bis hinunter zur Mojave Desert erstrecken, nicht so Furcht einflößend wie ihr Name verheißt. Das große Gebirge ist dennoch für viele der Inbegriff des **Wilden Westens** der Vereinigten Staaten und dies nicht grundlos: Die Sierra Nevada bildet das größte zusammenhängende unbesiedelte Gebiet der USA südl. von Alaska.

Kein Wunder, dass die Sierra jährlich etwa 3 Mio. **Bergwanderer** anlockt, die sich den vielfältigen Herausforderungen entweder auf **Tagestouren** oder auf mehrere hundert Kilometer langen **mehrtägigen Wanderungen** stellen wollen. Doch wer sich für einen Trip durch die Sierra Nevada entschieden hat, muss fit sein. Mit einem Höhenunterschied von bis zu 3300 m fordern die verschiedenen Routen rund um den **Mount Whitney** – mit 4421 m höchster Berg der USA südl. von Alaska – und durch das Owens Valley von den Wanderern körperliche Höchstleistungen.

Geradezu ein Muss ist ein ausgedehnter Spaziergang (etwa drei Stunden) durch den **Giant Forest** im **Sequoia National Park**. Hier sind die bis zu 3000 Jahre alten Riesenbäume, die Sequoias, zu Hause.

Wanderfreunde kommen auch am **Lake Tahoe** auf ihre Kosten: Eine erlebnisreiche Tagestour verheißt der Besuch des 3317 m hohen Freel Peak am 150 km langen **Tahoe Rim Trail** denjenigen, die sich nicht scheuen, auf eine Distanz von etwa 15 km einen Höhenunterschied von 1000 m zu meistern. Der Zugang erfolgt über den Pioneer Trail, der rund 2 km nordöstl. von der Kreuzung der Highways 50 und 89 gen Osten führt. Nach etwa weiteren 2 km biegt man nach rechts in die Oneidas Street, die man bis zu einer Barriere des Forest Service befährt. Von hier aus geht es südostwärts entlang des Trout Creek durch einen Kiefern- und Espenwald hinauf zum Armstrong Pass. Dort mündet der Tahoe Rim Trail aus südl. Richtung ein. Von hier aus gelangt man gen Norden zum Gipfel des Freel Peak. Der Abstieg führt südwestl. wieder entlang eines Seitenarms des Trout Creek zurück zum Ausgangspunkt.

Auch im Yosemite Valley gibt es ideale Wanderbedingungen: Eine leichte Rundwanderung ins Yosemite Valley führt auch zu zwei fantastischen Aussichtspunkten – zum fast 2300 m hohen Taft Point und zum etwa 2500 m hohen Sentinel Dome. Um dorthin zu gelangen, biegt man vom Highway 41 zur Glacier Point Road Richtung Norden ab.

Vom Parkplatz führt ein Weg Richtung Westen zum Taft Point. Von hier aus genießt man einen atemberaubenden Blick ins Yosemite Valley. Auf dem Rückweg kann man außerdem einen Abstecher zum Sentinel Dome machen und damit noch einmal einen gigantischen Ausblick ins Yosemite-Tal genießen.

shall 1848 beim Bau einer Sägemühle für seinen Chef John Sutter eines Tages die *Gold Nuggets* im Sand schimmern, die im Jahr darauf den Goldrausch auslösen sollten. In die Richtung seines Fundes zeigt die *Statue* von Marshall, der 1879 gleichwohl als armer Mann starb. Im **Gold Discovery Museum** (tgl. 10–15 Uhr) des Parks wird die kurze, stürmische Geschichte der Siedlung, in der schon 1850 viele tausend Menschen auf der Suche nach dem begehrten Edelmetall die Erde durchwühlten, wieder lebendig.

Placerville

Placerville liegt an der Kreuzung des Highway # 49 mit der US 50. Die modern anmutende Siedlung hieß zur Goldgräberzeit noch ›Hangtown‹. Ein ordentliches Rechtssystem mit Polizei, Richtern und Strafverteidigern war in den ungestümen Anfangstagen des Bundesstaates Kalifornien eher ein Fremdwort. So sorgten bewaffnete Bürgerwehren für ›Law and Order‹ und machten mit Gesetzesbrechern oft kurzen Prozess – am Galgen. Im **Hangtown's Gold Bug Park** (2635 Goldbug Lane, Tel. 530/642-52 07, www.goldbugpark.org, sommers tgl. 10–16 Uhr, sonst nur Sa/So 12–16 Uhr) können Besucher ein Goldbergwerk (Anmeldung: Tel. 530/6 42-52 38) besichtigen. Im **El Dorado County Historical Museum** (104 Placerville Dr., Tel. 530/621-58 65, Mi–Sa 10–16 Uhr, So 12–16 Uhr) sind außer den Ausstellungsstücken zur Goldrausch-Ära ein Country Store, eine Postkutsche, indianisches Kunstgewerbe und andere Exponate zur Regionalgeschichte zu sehen.

Coole Pistencowboys: Schneefans sind im Squaw Valley richtig

i Praktische Hinweise

Information

El Dorado County Visitors Authority, 542 Main St., Placerville, Tel. 530/621-58 85, Fax 530/642-16 24, www.visit-eldorado.com

Auburn Area Chamber of Commerce, 601 Lincoln Way, Auburn, Tel. 530/885-56 16, Fax 530/885-58 54, www.auburnchamber.net

Hotels

Cary House Hotel, 300 Main St., Placerville, Tel. 530/622-42 71, Fax 530/622-06 96, www.caryhouse.com. Gemütliche Herberge in einem historischen Stadthaus von 1857. Mittlere Preisklasse.

Coloma Country Inn, 345 High St., Coloma, Tel. 530/622-69 19, Fax 530/626-49 59, www.colomacountryinn.com. Kleines Bed & Breakfast in ehem. Senatorenvilla auf altem Weingut. Obere Preisklasse.

Restaurants

Poor Red's Bar and Restaurant, 6221 Pleasant Valley Rd., El Dorado, Tel. 530/622-29 01. Legendäres, preisgünstiges Barbecue-Lokal.

Zachary Jacques, 1821 Pleasant Valley Rd., Placerville, Tel. 530/626-80 45. Schmackhafte provenzalische Küche mit kalifornischem Einschlag.

18 Lake Tahoe

Tiefblauer Bergsee von Wäldern eingerahmt.

›Großes Wasser‹ nannten die Washoe Indianer den 35 km langen, 20 km breiten und mehr als 500 m tiefen Bergsee, der 1920 m hoch in einem Tal zwischen dem Kamm der Sierra Nevada und der Gebirgskette der Carson Range liegt. Im riesigen Oval der Wasseroberfläche spiegeln sich die noch 1200 m höher aufragenden Berge und die wechselnden Farben des Himmels. ›Lake in the Sky‹ heißt der See deshalb auch!

Das bewaldete Westufer wird von einigen **Naturschutzgebieten** gesäumt. Im Norden, zwischen Carnelian Bay und Crystal Bay, vor allem aber im Süden sind mit **South Lake Tahoe** und *Stateline Nevada* mit den großen Casino-Hotels einige dichtere Siedlungsgebiete entstanden. Das östl. Drittel des Ufers gehört bereits zu Nevada, dessen Spielerstadt

Als wäre die Farbe Blau neu erfunden worden: Die Emerald Bay liegt im Südwesten des Berggewässers Lake Tahoe

Reno und dessen Hauptstadt **Carson City** weniger als eine Fahrstunde vom großen See entfernt liegen.

Lake Tahoe gilt seit der Zeit um 1900 als **Sommerfrische** für begüterte Familien aus San Francisco, die zwischen Juni und September ihre großen Villen am Westufer beziehen. Das **Ehrman Mansion** (Tel. 530/525-95 29, Juli–Sept. tgl. 11–16 Uhr) in Tahoma, 2 km südl. vom Sugar Pine Point State Park, gibt einen Eindruck vom aufwendigen Lebensstil dieser Zeit. Cineasten werden diese Kulisse aus dem Film ›Der Pate II‹ von Francis Ford Coppola wiedererkennen. Zu allen Jahreszeiten ist der See ein äußerst beliebtes Ausflugsziel. Im Sommer laden Lake Tahoe und seine reizvolle Umgebung zum Baden, Wasserski, zum Wandern, Mountainbiking und Golfen ein. Schon seit der Zeit der Washoe Indianer ist der See außerdem ein beliebtes Angelrevier.

Im Winter ist die Region Ziel zahlloser Skifans. Die *Olympischen Winterspiele* von 1960 in **Squaw Valley** (nahe dem Nordwestufer) und die Erschließung weiterer erstklassiger **Skigebiete** wie *Alpine Meadows*, *Sugar Bowl*, *Ski Incline* oder *Heavenly Resort* machten den See weltweit bekannt. Die Pisten liegen bis zu 3000 m hoch.

Am schönsten ist eine sommerliche Erkundung des Lake Tahoe mit dem Schaufelraddampfer: Die ›Tahoe Queen‹ legt zu Rundfahrten vom Ski Run Blvd. im lebendigen Ferienort South Lake Tahoe ab, die ›MS Dixie‹ verkehrt von der Anlegestelle in Zephyr Cove aus vor allem im Südteil des Sees, die ›Tahoe Gal‹ legt in **Tahoe City** ab.

Zu den reizvollsten Ecken des Lake Tahoe gehört **Emerald Bay** im Südwesten des Sees. In der von Felsen und Wald gerahmten, tiefblauen Bucht liegt die einzige Insel des Sees, Fannette Island.

ℹ Praktische Hinweise

Information

Lake Tahoe Visitors Authority, 3066 Lake Tahoe Blvd., South Lake Tahoe, Tel. 530/544-50 50, Fax 530/544-23 86, www.bluelaketahoe.com

North Lake Tahoe Camber of Commerce, 380 North Lake Blvd., Tahoe City, Tel. 530/581-6900, www.gotahoenorth.com.

Hotels

Best Western Station House Inn, 901 Park Ave., South Lake Tahoe, Tel. 530/542-11 01, Fax 530/542-17 14, www.stationhouseinn.com. Geschmackvolles Motor Inn.

The Cottage Inn at Lake Tahoe, 1690 W. Lake Blvd., südl. von Tahoe City, Tel. 530/581-40 73, Fax 530/581-02 26, www.thecottageinn.com. Gemütliches elegantes Bed & Breakfast am See, einige Zimmer mit Kochnische und Whirlpool. Obere Preisklasse.

*Meisterwerke der Natur: Bizarre Tuffstein-
-Skulpturen im Mono Lake* ▷

Restaurants

Plump Jack Cafe, 1920 Sqaw Valley Rd.,
Olympic Valley, Tel. 530/583-15 76.
Kalifornische Spitzenküche in den Bergen, tolle Weinkarte.

Tahoe House Bakery & Gourmet, 625
West Lake Blvd., Tahoe, Tel. 530/583-13 77.
Schweizer und kalifornische Gerichte und
Backwaren in gemütlicher Atmosphäre.

19 Mono Lake

*Surrealistische Gebilde aus Tuffstein,
ein gefährdeter Salzsee und viele
Zugvögel.*

Einige Kilometer südl. von *Bridgeport*
führt der Highway 270 auf kurviger Strecke nach Osten in die Berge, die letzten
5 km auf ungepflasterter Straße. Der
3100 m hohe *Bodie Mountain* blickt auf
das um 1900 verlassene Nest **Bodie**, in
dem einst 10 000 Menschen nach Gold
schürften. Etwa 170 Gebäude mit malerischen *Westernfassaden* sind noch erhalten. Sie wurden nicht restauriert, nur
durch die Einrichtung eines *State Park* vor
weiterem Verfall bewahrt und tragen so
zu jener authentischen Atmosphäre bei,
die anderen, touristisch aufbereiteten
Ghost towns oft abgeht.

Nur wenige Kilometer weiter südl. erscheint der an der US 395 gelegene **Mono
Lake** wie ein Relikt aus der Urwelt. Zahl-

*Wie aus dem Westernfilm: Bodie – früher
Goldrausch-City, heute Geisterstadt*

reiche skurril geformte, oft meterhohe
Felsformationen ragen aus seinem Wasser. Sie entstehen, weil das alkalische Seewasser den Kalk aus dem am Grund des
Sees emporsprudelnden Quellwasser
bindet. Dass die Kalksäulen sichtbar wurden hat einen traurigen Grund: Der Wasserspiegel des Sees, dessen Salzgehalt
dreimal so hoch ist wie der des Pazifiks,
sank zwischen 1941 und 1984 um 13 m, weil
vier der fünf Zuflüsse des Mono Lake nach
Los Angeles abgeleitet wurden, um die
Mega-Stadt mit Wasser zu versorgen.

Als Folge dieser Verlandung starben
die Algenkolonien, die als Nahrung für
Krabben und Alkali-Fliegen dienten. Da
auf diese Weise auch die Vögel weniger
Nahrung fanden, waren die Nistplätze
am See bedroht. Doch inzwischen erreichen die einst umgeleiteten Flüsse den
See wieder, und seit seinem Tiefstand
1984 ist sein Wasserstand bis 2008 wieder
um 3 m gestiegen. Allmählich wachsen
an den Ufern der Flüsse auch wieder jene

Auwälder nach, die einst typisch waren für diese Region Kaliforniens. Die Umgebung des Mono Lakes wird heute als **Mono Basin Scenic Forest Area** von Rangern verwaltet. Das dazugehörige *Visitor Center* informiert mit interaktiven Exponaten, einer Fotodokumentation, einem Film und Führungen über Geologie und Ökologie der Landschaft.

Ein interessanter **Wanderweg** von 1,5 km Länge führt am Südufer des Sees durch einen fantastischen Wald von Tuffsteinsäulen, deren Entstehungsgeschichte auf Schautafeln am Wegesrand erläutert wird. Und am **Navy Beach** am Südufer kann man – dank des hohen Salzgehaltes – mit viel Auftrieb schwimmen.

ℹ Praktische Hinweise

Information

Mono Basin Scenic Forest Area Visitor Center, Hwy. 395, Lee Vining, Tel. 760/647-63 16, www.monolake.org

Hotel

The Cain House, 340 Main St., Bridgeport, Tel. 760/932-70 40, Fax 760/932-74 19. Gemütliche Bed & Breakfast-Herberge aus der Zeit um 1900. Mittlere Preisklasse.

Restaurant

Virginia Creek Settlement, Hwy. 395, Bridgeport, Tel. 760/932-77 80. Originelles, altmodisches Diner-Restaurant mit Motel, Camping und Hütten.

20 Yosemite National Park

Das schönste Hochtal der Sierra Nevada droht, von den Besuchermassen ›zu Tode geliebt‹ zu werden.

Im Sommer kann es im Yosemite Valley eng werden. Trotz *Shuttle Buses* im Park und zu den Orten in der Nähe staut sich der von Westen kommende Verkehr oft

Beeindruckende Bergwelt: Traumsicht vom Glacier Point im Yosemite National Park

kilometerlang. Dann sind die Ranger des Nationalparks gezwungen, die Zufahrt zu limitieren. Bereits 1864 wurde die Traumlandschaft in der Sierra Nevada von Präsident Abraham Lincoln zum Schutzgebiet erklärt. Wer einmal dort gewesen ist, weiß warum: Eine gigantische *Berglandschaft*, mehr als 3000 m hohe, schneebedeckte *Granitgipfel*, üppig blühende *Bergwiesen* und tiefe *Wälder* sowie kristallklare *Seen* machen den 3000 km² großen Park zu einem unvergleichlichen Naturerlebnis.

Yosemite Valley

Einen einmaligen Blick auf diese wunderschöne Landschaft hat man vom 2139 m hohen **Glacier Point**, etwa 1000 m über dem Talgrund des Yosemite Valley, durch das sich der *Merced River* wie ein silbernes Band schlängelt. Wie zwei Wächter stehen die mächtigen, 2300 m und 1860 m hohen Granitblöcke **El Capitan** und **Cathedral Rock** am Eingang zum Yosemite Valley. Das 12 km lange Tal liegt im Herzen des Nationalparks. Der 2700 m hohe markante **Half Dome**, das oft fotografierte *Wahrzeichen* des National Park, ist im Sommer Ziel von passionierten Kletterern aus aller Welt.

Von der Talstraße unweit des *Visitor Center* führt ein einfacher, halbstündiger Wanderweg zu den dreistufigen, schäumenden **Yosemite Falls** wo – besonders eindrucksvoll im Frühjahr – riesige Mengen von Quell- und Schmelzwasser 740 m in die Tiefe stürzen.

Tioga Pass

Weniger stark frequentiert ist der 3030 m hohe Tioga Pass, von dem zahlreiche Wanderwege abzweigen. Bis in den Mai hinein ist die Hochgebirgsstraße verschneit und unpassierbar. Die Fahrt vom Tioga Pass in westl. Richtung ist ein wah-

Chefsache – nur Geübte klettern am El Capitan, was soviel wie ›Boss‹ heißt

Echt erfrischend: kühles Nass am Granitblock El Capitan im Yosemite National Park

res Fest für die Augen: Auf den in 2600 m Höhe gelegenen Wiesen von **Tuolumne Meadows** blühen im Sommer wunderschöne Bergblumen. Neben zahlreichen kürzeren Wanderwegen kreuzt hier auch die Route des insgesamt 3760 km langen **Pacific Crest Trail**, der auf den Gebirgskämmen von Kanada bis nach Mexiko führt. Der **Tenaya Lake** ist von Granitfelsen eingerahmt, die von Gletschern der letzten Eiszeit glattpoliert wurden. Vom **Olmstedt Point**, einem Aussichtspunkt an der Tioga Road, hat man einen fantastischen Blick auf den Half Dome und den 3025 m hohen *Clouds Rest*.

Yosemite Village

Das **Yosemite Museum** (Tel. 209/372-0200, tgl. 9–16 Uhr) beim Visitor Center im Yosemite Valley zeigt Wechselausstellungen zeitgenössischer Kunst und dokumentiert das Leben der Miwok und Paiute Indianer, die vor dem Eintreffen der Europäer ungestört in der Sierra lebten. Auf dem Weg zum südl. Ausgang des Nationalparks bei *Wawona* passiert man das **Pioneer Center**, ein Museumsdorf mit Blockhäusern, die aus verschiedenen Bereichen des Nationalparks hierher umgesiedelt wurden und im Sommer von Darstellern bevölkert sind. Ebenfalls am

Südende des Parks befindet sich die **Mariposa Grove**. Hier stehen die annähernd 3000 Jahre alten *Giant-Sequoia-Bäume*, darunter der 2700 Jahre alte *Grizzly Giant*, der mächtigste Baum des Yosemite National Park.

ℹ Praktische Hinweise

Information

Yosemite National Park Visitor Centers, Tel. 209/372-0200 (Infoband), www.yosemite.org, www.nps.gov/yose

Hotels und Restaurants

Yosemite Reservations, 6771 N. Palm Ave., Fresno, Tel. 559/253-5635, www.yosemitepark.com. Nimmt Reservierungen für die Unterkünfte des National Park – auch über das Internet – entgegen.

TOP TIPP **Ahwahnee Hotel and Restaurant**, 9005 Ahwahnee Drive, Yosemite Valley, Tel. 559/252-4848, Fax 559/456-0542 (für Reservierungen im Restaurant). Traumhaft gelegenes, schön ausgestattetes historisches Hotel mit sehr gutem Restaurant. Das aus Granitsteinen und Pinienstämmen erbaute Ahwahnee Hotel ist meist Monate im voraus ausgebucht. Luxusklasse.

Camping

Yosemite Valley Campgrounds, nahe Merced River, Tel. 518/885-3639, www.recreation.gov. Für Zelte und Wohnmobile. Wer im Park übernachten will, sollte möglichst früh buchen!

21 Sequoia und Kings Canyon National Parks

Heimat der gewaltigen Riesensequoias, der mächtigsten Lebewesen der Erde.

Sie wird 80 m hoch, bis zu 3000 Jahre alt und besitzt einen Umfang von bis zu 30 m: Die *Sequoia Gigantea*, die nur an den Westhängen der Sierra Nevada in 1500 bis 2100 m Höhe gedeiht, ist damit das *gewaltigste bekannte Lebewesen* unseres Planeten. Die Mammutbäume haben außer dem Menschen und seinen Motorsägen keine natürlichen Feinde.

Wo Menschen ganz schnell auf Zwergformat ▷ schrumpfen können: Mammutbaum im Sequoia National Park

Selbst Waldbrände können ihnen nichts anhaben. Im Gegenteil, ihre bis zu 50 cm dicke *Borke* sondert bei Hitze eine Flüssigkeit ab, die wie ein Feuerlöscher wirkt. Die Zapfen mit *Samen* der Sequoias öffnen sich zudem nur bei extremer Hitze, sodass ein Feuer sogar zur Geburtsstunde einer Generation neuer Bäume werden kann. Da das Unterholz zu fruchtbarer Asche verbrennt, haben die Sequoias nach einem Waldbrand bessere Wachstumsbedingungen als vorher.

Sammeln ist sein Job: Eichhörnchen im Yosemite National Park

Die beiden zusammenhängenden Sequoia und Kings Canyon National Parks sowie das benachbarte, im Jahr 2000 eingeweihte *Giant Sequoia National Monument* (130 000 ha) sind weit schwerer zugänglich als der Yosemite National Park [s. S. 71]. Vom *San Joaquin Valley* fährt man auf dem **Generals Highway** (Hwy. 198) in einem kurvenreichen Halbrund durch den äußersten Westen des insgesamt 3495 km² großen Naturschutzgebietes. Der **Kings Canyon Highway** führt durch die tiefe Schlucht des wilden Kings River bis zum **Cedar Grove** am Talgrund.

Der weit größte Teil des Schutzgebietes ist durch ein Netz von **Wanderwegen** erschlossen. Der schwierige Trail zum Gipfel des 4421 m hohen **Mount Whitney**, dem höchsten Berg der USA südl. von Alaska, gehört zu den beliebtesten Bergwanderwegen. Die meisten Besucher beschränken sich jedoch auf die Wanderwege, die entlang des Kings Canyon Highway und des General Highway geboten werden.

Im *General Grant Grove* und im **Giant Forest** stehen die gewaltigen Baum-Titanen, vor denen die Menschen wie Zwerge erscheinen. Im Giant Forest findet man mit dem **General Sherman Tree** das mächtigste Lebewesen unserer Erde: 84 m ist der Baum hoch, sein Umfang beträgt 33 m (!).

Vom Gipfel des **Moro Rock**, der südl. vom Generals Highway über einen Wanderweg und 400 in den Fels geschlagene Stufen zu erreichen ist, hat man einen herrlichen Blick auf die Bergspitzen der südl. Sierra und nach Westen weit ins San Joaquin Valley.

ℹ️ Praktische Hinweise

Information

Sequoia & Kings Canyon National Parks, Ash Mountain, Three Rivers, Tel. 559/565-33 41 (Band), Fax 559/565-3730, www.nps.gov/seki.

Visitor Centers

Grant Grove, Kings Canyon, Tel. 559/565-43 07 – **Foothills, Sequoia**, Tel. 559/565-31 35 – **Lodgepole, Sequoia**, Tel. 559/565-44 36

Hotels und Restaurants

Sequoia & Kings Canyon National Park Service, Kings Canyon: Tel. 866/807-35 98, www.visitsequoia.com. Reservierung der Unterkünfte in den Nationalparks, denen auch Restaurants und Geschäfte angegliedert sind.

Camping

Reservierungszentrale, Tel. 518/885-36 39, www.recreation.gov. Es gibt 15 *Campgrounds* in den beiden Parks. Vorabbuchung während der Hauptreisezeit im Sommer wird empfohlen.

Verteidiger der Wildnis

1890 war für **John Muir** zu einem Erfolgsjahr geworden. Seine hartnäckigen Bemühungen, seine Artikel in Zeitungen und Zeitschriften, seine Besuche bei Politikern und seine Vorträge landauf, landab hatten zum Gelingen entscheidend beigetragen. Denn der Kongress in Washington entzog landschaftlich einzigartige Regionen in der Sierra Nevada der wirtschaftlichen Nutzung und richtete die drei **Nationalparks Yosemite**, **Sequoia** und **Kings Canyon** ein. Der als ›Anwalt der Sierra‹ und ›Verteidiger der Wildnis‹ bekannt gewordene Naturforscher und Schriftsteller widmete sein Leben dem Naturschutz. Er gründete 1892 den noch heute einflussreichen Sierra Club, einen Bund von Naturfreunden.

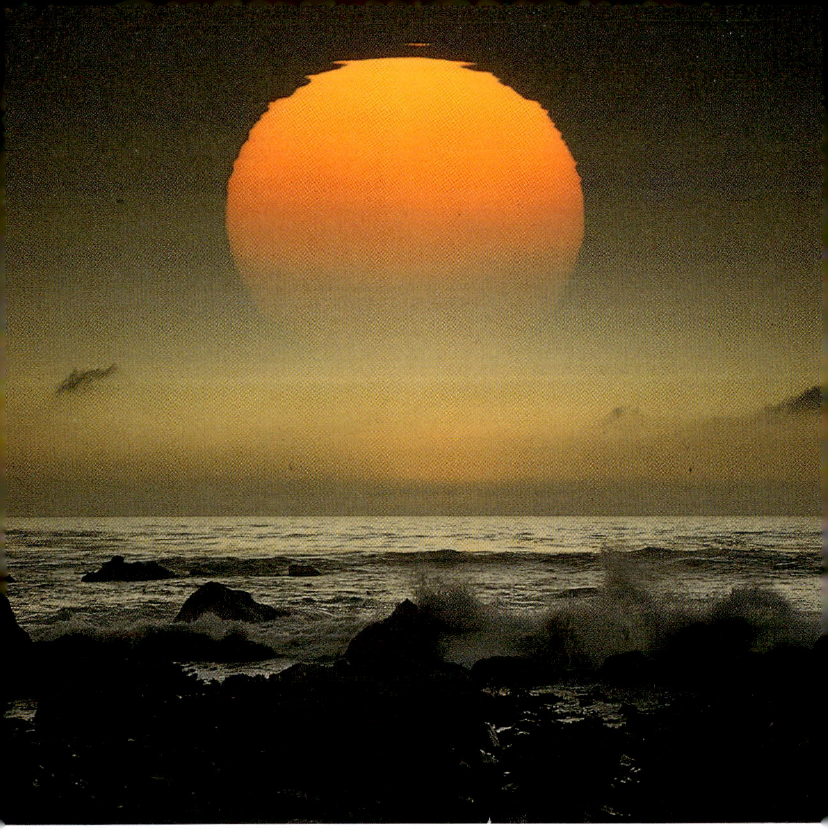

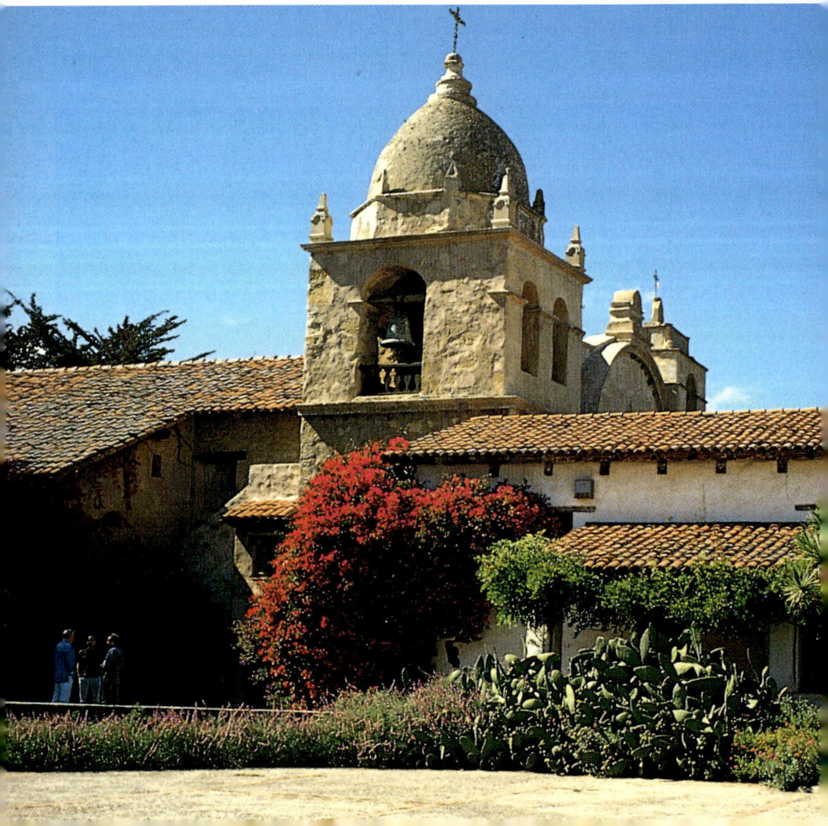

Highway # 1 – meilenweiter Mythos

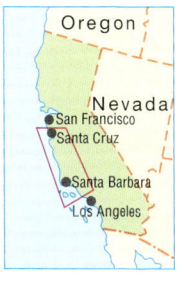

Der Highway #1, die legendäre Küstenstraße, zieht sich über 640 km – zwischen San Francisco und Los Angeles – meist direkt am Pazifik entlang. Man hat sie **Traumstraße der Welt** getauft und die Küste kalifornische Riviera. Am Highway liegen Orte wie **Santa Cruz**, **Monterey**, **Carmel**, **Big Sur**, **San Luis Obispo** und **Santa Barbara** aufgereiht wie funkelnde Perlen an einer Kette. Bietet die Strecke unmittelbar im Süden von San Francisco noch Aussichten auf dramatisch *zerklüftete Küstenlandschaften* sowie auf *schroffe Berg- und Hügelketten*, wird die Naturszenerie, durch die der Highway #1 ab San Luis Obispo führt, zunehmend lieblicher. Bei **Santa Barbara** gewinnt erstmals eine südliche, typische Meeresströmung stärker an Einfluss, die für angenehme Wassertemperaturen sorgt. Der Highway #1 kreuzt mehrmals den *Camino Real*, den Verbindungsweg zwischen den Küstenniederlassungen der früheren spanischen Kolonialmacht. Die meist hervorragend restaurierten **Missionskirchen** an dieser Strecke erlauben einen Einblick in eine untergegangene Welt. Man sollte sich etwas Zeit lassen, um die Schönheiten, die sich entlang des Highway #1 eröffnen, angemessen genießen zu können. Hier ist er spürbar – der *American Dre-*

22 Santa Cruz

Seebad mit schönem Hinterland an der Bucht von Monterey.

Santa Cruz ist ein lebhafter Badeort, den weniger seine Attraktionen so anziehend machen. Es ist vielmehr die entspannte Stimmung in der Stadt, in der sich etwa 55 000 Einwohner und 15 000 Studenten der *University of California* wohl fühlen. Auch die schönen, nicht so überfüllten *Strände* und das bewaldete Hinterland mit seinen Hügeln, deren Ausläufer bis an Santa Cruz heranreichen, machen einen Aufenthalt lohnend.

Von der 1794 fertig gestellten *Mission des ›Heiligen Kreuzes‹* ist nichts mehr erhalten, da sie 1857 einem Erdbeben zum Opfer fiel. Die heutige **Holy Cross Church** ist eine Kopie des ursprünglichen Gotteshauses. In Originalgröße erhalten ist dagegen die etwa 100 Jahre alte, auf mächtigen Holzpfählen errichtete **Santa Cruz Municipal Wharf**, eine mit Cafés, Restaurants und allerlei Geschäften gespickte Pier, die etwa 800 m weit ins Wasser ragt.

Als liebenswertes Überbleibsel aus der Zeit um 1900 präsentiert sich der **Santa Cruz Beach Boardwalk** am Santa Cruz Beach. Ähnlich wie auf Coney Island in New York hat sich hier ein altmodischer *Vergnügungspark* direkt am Strand erhalten, mit Achterbahnen, Karussells und Schießständen. Seine unumstrittene Attraktion heißt ›Giant Dipper‹, eine auf einem soliden Holzfundament errichtete *Achterbahn*, deren abenteuerliche Kurven und Talfahrten noch heute für spitze Schreie sorgen.

Erste Sahne – zu den schönsten Erlebnissen gehört eine Fahrt auf dem Highway #1

◁ *In jedem Fall himmlisch: Sonnenuntergang bei Big Sur (oben), Mission in Carmel*

Heiliger Hit – Santa Cruz bietet schöne Strände und ein hübsches Hinterland

Der Lorenzo River, der sich nach der Durchquerung der Santa Cruz Mountains etwas müde durch den Ort windet, um dann in die Monterey Bay zu münden, passiert die Innenstadt um die nett herausgeputzte Fußgängerstraße **Pacific Avenue**.

Am westlichen Ende des *West Cliff Drive* beginnt der **Natural Bridges State Beach**. Von den namengebenden Felsbogen im Wasser ist nur noch einer erhalten. Das hindert jedoch keinen daran, hier

Mr. Großschnabel: Pelikan-Fütterung an der Municipal Wharf in Santa Cruz

nach Herzenslust zu baden, für einen Ritt auf dem Surfbrett auf die lang gezogenen Wellen zu warten oder einfach in den einsamen Buchten spazieren zu gehen.

ℹ Praktische Hinweise

Information

Santa Cruz County Conference and Visitors Council, 1211 Ocean St., Santa Cruz, Tel. 831/425-12 34, www.santacruzca.org

Hotels

Babbling Brook Inn, 1025 Laurel St., Santa Cruz, Tel. 831/427-24 37, Fax 831/427-24 57, www.babblingbrookinn.com. Bed & Breakfast in einem Holzhaus mit Landschaftsgarten nahe dem Hwy. # 1.

Pleasure Point Inn, 2-3665 E Cliff Dr., Santa Cruz, Tel. 831/475-46 57, www.pleasure pointinn.com. Gepflegte Anlage mit Pool und herrlicher Aussicht. Mittlere bis obere Preisklasse.

Restaurants

Crows Nest, 2218 E. Cliff Dr., Santa Cruz, Tel. 831/476-45 60. Legeres Fischrestaurant mit Cocktailbar und Meerblick.

Sea Cloud, Municipal Wharf 49 b, Santa Cruz, Tel. 831/458-93 93. Kalifornische Küche mit Blick auf Meer und Küste.

23 Monterey

Frühere spanische Kolonialhauptstadt mit der berühmten ›Straße der Ölsardinen‹.

Einst war Monterey die bedeutendste Stadt in Kalifornien. Der spanische Seefahrer Sebastián Vizcaíno war auf einer *Erkundungsfahrt* entlang der kalifornischen Küste bereits 1602 hier an Land gegangen, um Frischwasser und Vorräte zu ergänzen und hatte die Bucht und seinen Landungsort zu Ehren des spanischen Vizekönigs Monterey, ›Königsberg‹, getauft. Doch erst 1770, als die Spanier systematisch mit der Besiedlung der Küste begannen, wurden hier eine *Missionsstation* und ein Presidio gegründet. Die Missionskirche wurde ein Jahr später nach Süden an einen besser geeigneten Platz verlegt, das Presidio fungierte bald als Zentrum der Militärverwaltung. Monterey wurde zur Hauptstadt der spanischen Kolonie *Alta California*.

Auch nachdem Mexiko seine Unabhängigkeit von Spanien errungen hatte und Kalifornien zu mexikanischem Ter-

Steinbeck lässt grüßen: Cannery Row ist eine Touristen-Attraktion in Monterey

ritorium geworden war, blieb Monterey administratives Zentrum. Erst nach der Besetzung durch US-amerikanische Truppen und dem Goldrausch von 1849 verlagerte sich der Wirtschafts- und Siedlungsschwerpunkt des Landes weiter nach Norden, und Monterey war plötzlich ins Abseits geraten.

Heute erinnern nur noch einige Bauten an Montereys glorreiche Zeiten. Die kleine **Royal Presidio Chapel** (Ecke Church/ Figueroa St.) von 1795 ist das älteste Bauwerk der Stadt. Der 3 km lange **Path of History** verbindet einige Gebäuden aus der Zeit bis 1850 – meist aus den luftgetrockneten *Adobe-Lehmziegeln* errichtet, z. B. die Casa Camesti (1824), das Larkin House (1835), die Casa Gutierrez (1841) und die Casa Serrano (1843). Im *Stevenson House* (530 Houston St.) lebte 1879 für einige Monate der berühmte schottische Schriftsteller Robert L. Stevenson (›Die Schatzinsel‹, ›Dr. Jekyll und Mr. Hyde‹), um sich von den Strapazen seiner langen Postkutschenreise quer über den nordamerikanischen Kontinent zu erholen.

Die Straße der Ölsardinen

Heute wird der Ruhm des Pulitzer- und Nobelpreisträgers *John Steinbeck*, der mit seinem 1938 geschriebenen Roman ›Die Straße der Ölsardinen‹ (›Cannery Row‹) ein humorvoll-sozialkritisches Porträt der verarmten und entwurzelten Bewohner von Monterey geliefert hatte, touristisch verwertet. Da die Sardinen- und Thunfischbestände vor der Küste längst leergefischt sind, werden nun die ›Schlepp-

Ab ins Getümmel: Ein Vergnügungspark lockt an den Santa Cruz Beach Boardwalk

![Fenster zum Meer: das Monterey Bay Aquarium sollte man unbedingt besuchen](image)

Fenster zum Meer: das Monterey Bay Aquarium sollte man unbedingt besuchen

netze‹ nach Touristen ausgeworfen. Bus auf Bus rollt in der Hochsaison in die Stadt und entlädt die Kurzbesucher an der *Fisherman's Wharf*, an der einst die Fischkutter festmachten, sowie an der **Cannery Row**, die früher Ocean View Avenue hieß und dann nach dem Bestseller von Steinbeck benannt wurde. In die einstigen Konservenfabriken sind längst *Restaurants, Fast-Food-Lokale* und *Andenkenläden* eingezogen, die mit aller-lei Schnickschnack und Souvenirs, die an Steinbeck erinnern sollen, einige Dollars verdienen möchten.

Am äußersten Ende der Cannery Row liegt ihre echte Attraktion. Das spektakuläre **Monterey Bay Aquarium** (886 Cannery Row, Tel. 831/648-48 00, www.mbayaq.org, tgl. 9.30–18 Uhr, winters tgl. 10–18 Uhr), eines der größten Aquarien weltweit, wirkt mit seinen riesigen Becken wie ein großes Fenster zum Meer.

Keine Berührungsängste im Aquarium – zumindest, wenn Glas dazwischen ist

Mehr als 6500 Meeresbewohner kann man hier bewundern – u. a. Haie, Seeotter, Wale und Quallen.

Das **National Steinbeck Center** (1 Main St., www.steinbeck.org, tgl. 10–17 Uhr) im Nachbarort Salinas liegt in der Nähe des Geburtshauses des großen Schriftstellers. Das Museum glänzt mit einer ausgezeichneten Ausstellung zu Leben und Werk des Schriftstellers.

ℹ️ Praktische Hinweise

Information

Monterey County Convention & Visitors Bureau, 150 Olivier St., Monterey, Tel. 831/649-17 70, www.montereyinfo.org

Hotels

Casa Munras Garden Hotel, 700 Munras Ave., Monterey, Tel. 831/375-24 11, Fax 831/375-13 65, www.casamunras-hotel.com. Zentrumsnahes historisches Hotel mit großzügigem Garten und Pool. Mittlere Preisklasse.

Old Monterey Inn, 500 Martin St., Monterey, Tel. 831/375-82 84, Fax 831/375-67 30, www.oldmontereyinn.com. Gemütliches Bed & Breakfast in ruhiger Lage, schöner Garten. Obere Preisklasse.

Restaurant

Montrio, 414 Calle Principal, Tel. 831/648-88 80. Modernes, geräumiges Bistro-Restaurant mit regionaler Küche.

24 Carmel

Exklusives Refugium mit dem Charme vergangener Tage.

Wer wissen will, wie reiche Leute wohnen, wo sie Golf spielen und wie ihr Ausblick aufs Meer ist, sollte ab Pacific Grove auf die (gebührenpflichtige) Panoramastraße, den berühmten **17 Mile Drive**, abzweigen. Alles, was man hier sieht, fällt unter den Begriff kalifornische *Bilderbuchansichten*: schäumendes Meer, das über die Klippen gespült wird, Zypressen, Golfplätze direkt am Wasser und traumhafte Villen. Die schönsten Ausblicke hat man von den Plätzen um Cypress Point oder bei der berühmten *Lone Cypress* – der einsam auf einem Felsen im Meer stehende Baum ist ein beliebtes Postkarten-Motiv.

Am südl. Rand von Carmel führt die Rio Road vom Highway #1 direkt zur 1770 gegründeten *Mission San Carlos Borromeo del Rio Carmelo,* kurz **Carmel Mission** (3080 Rio Rd., Tel. 831/624-12 71, www.carmelmission.org, Mo–Sa 9.30–17, So 10.30–17 Uhr) genannt – sie ist eine der schönsten Missionskirchen Kaliforniens. So wie das Presidio von Monterey für den militärischen Sektor wichtig war, repräsentierte die Carmel Mission nach ihrem Umzug von Monterey an den jetzigen Standort das Zentrum der kirchlichen Aktivitäten in der spanischen Kolonie *Alta California*. Das Grab des inzwischen selig

Puppenstube: Carmel blieb von Auswüchsen des Massentourismus verschont

Als Augenschmaus unschlagbar: Traum-strand bei Big Sur im Julia Pfeiffer Burns State Park ▷

gesprochenen Gründers der ersten Missionskirchen, Pater Junípero Serra (1713–84), befindet sich in einer Kapelle. Die Bibliothek, einige Verwaltungsgebäude des Komplexes und der beschauliche Missionsgarten geben einen Eindruck von der Atmosphäre vor mehr als 200 Jahren.

Carmel selbst ist noch nicht so alt. Nach dem großen Erdbeben von 1906 kamen einige Schriftsteller und andere Kreative aus dem nicht weit entfernten San Francisco hierher und gründeten eine **Künstlerkolonie**, der sich u. a. Jack London und Sinclair Lewis anschlossen. Kurz darauf kamen die Reichen und Schönen, die blieben, weil sie sich in der Atmosphäre der Boheme-Zirkel wohl fühlten. Und obwohl der Tourismus stetig zunahm, blieben dem properen Ort die Auswüchse des Massentourismus erspart – dank einer konsequenten Kommunalpolitik, an der auch der Schauspieler und Regisseur *Clint Eastwood* zeitweilig als Bürgermeister beteiligt war. In den adretten Häusern des Ortes findet man kleine Geschäfte, Galerien und Kunstgewerbeläden.

TOP TIPP Der lange und weiche Strand von **Carmel Beach** am Fuß der Hauptstraße Ocean Avenue wird von der mit Zypressen und Pinien bewachsenen Steilküste gesäumt. Nur wenig weiter südl. – in der **Point Lobos State Preserve** – liegt das Revier der *Lobos del mar*, der Seelöwen, welche die Felsklippen vor der Küste bevölkern. Ihr Bellen ist schon schon von Weitem zu hören.

Mutter Naturs Sinn für Dramatik: Big Sur erleben und nie mehr vergessen!

Praktische Hinweise

Information

Carmel California Visitor & Information Center, San Carlos St. (zwischen 5th und 6th St.), Carmel, Tel. 831/624-25 22, Fax 831/624-13 29, www.carmelcalifornia.org

Hotels

Cobblestone Inn, Ecke 8th./Junipero Ave., Carmel, Tel. 831/625-52 22, Fax 831/625-04 78, www.cobblestoneinncarmel.com. Gemütliches Country Inn mit Kaminzimmern. Obere Preisklasse.

Mission Ranch, 26270 Dolores St., Carmel, Tel. 831/624-64 36, Fax 831/626-41 63, www.missionranchcarmel.com. Elegantes Landhotel mit Häuschen und Suiten sowie schönem Blick auf den Pazifik. Mittlere bis obere Preisklasse.

Restaurant

The Forge in the Forest, 5th Ave./Junipero St., Carmel, Tel. 831/624-22 33. Innovative französische Küche bietet das im Zentrum gelegene Restaurant.

25 Big Sur

TOP TIPP *Felsen, Klippen und Wälder an Kaliforniens schönstem Küstenabschnitt.*

Die Spanier nannten den ca. 120 km langen Abschnitt südl. ihrer kalifornischen Hauptstadt Monterey *El Pais Grande del Sur*, das große Land im Süden. Erst Mitte der 1930er-Jahre schlugen hier Häftlinge und chinesische Arbeiter die abenteuerliche Trasse des Highway #1 in die Felsen; bis dahin führten nur unbefestigte Wege in das Gebiet, das durch die imposanten *Santa Lucia Mountains* nach Osten und von der felsigen Pazifikküste nach Westen hin begrenzt wird. Auf dem Highway warten nach jeder Kurve neue atemberaubende **Ausblicke**: auf felsige, tief eingeschnittene Canyons, in denen Flüsse ihren Weg ins Meer suchen, auf Schluchten, die von riesigen Küsten-Sequoias eingefasst sind. Hier ein von Felsnadeln gespickter Sandstrand, dort wilde Felsklippen, an denen sich die Wogen des Pazifiks brechen. Schon 20 km südl. von Carmel lohnt ein Stopp am Parkplatz der **Bixby Creek Bridge**: Es ist einer der schönsten Aussichtspunkte auf die dramatische Küstenlinie.

Dieses Stück Land wurde wegen des klaren Lichts und der üppigen Farben auch von Künstlern geschätzt. Zu den bekanntesten von ihnen gehört *Henry Miller*, der 17 Jahre in dieser wilden Einsamkeit lebte.

Die *Wanderwege* der verschiedenen angrenzenden State Parks führen von der Straße durch die Wälder der Berghänge bis zur Küste. Besonders schön ist der Weg im **Julia Pfeiffer Burns State Park**, er geht durch einen Redwood-Hain und zu einem Wasserfall.

Den alten Römern nachgemacht: der Neptun Pool im wundersamen Hearst Castle

ℹ Praktische Hinweise

Hotels

The Post Ranch Inn, Hwy. # 1, Big Sur, Tel. 831/667-22 00, Fax 831/667-25 12, www.postranchinn.com. In die natürliche Umgebung eingepasstes Spitzenhotel mit ebenso gutem Restaurant. Luxusklasse.

Ventana Inn & Spa, Hwy. # 1, Big Sur, Tel. 831/667-23 31, Fax 831/667-05 73, www.ventanainn.com. Edle Herberge mit Kaminzimmern, elegantem Restaurant, Wellness- und Fitness Center sowie Meeresblick. Luxusklasse.

Restaurant

TOP TIPP **Nepenthe**, Hwy. # 1, südl. des Julia Pfeiffer Burns State Park, Tel. 831/667-23 45, www.nepenthebigsur.com. Hier hat Orson Welles einst seine Braut Rita Hayworth über die Schwelle getragen. Die fantastische Aussicht von der 240 m hohen Klippe auf den Pazifik lässt fast das Essen und die Preise vergessen.

26 Hearst Castle

Kalifornisches Neuschwanstein oder Das Beste ist gerade gut genug!

Man traut seinen Augen kaum: Einige Kilometer nördl. von San Simeon erhebt sich vor der Kulisse der Santa Lucia Mountains ein skurriles Schloss – eine Art *amerikanisches Neuschwanstein*. William Randolph Hearst, der kalifornische Zeitungsmagnat, dem auch Radiostationen und Bergwerke gehörten, ließ 1919–47 sein Traumschloss **Hearst Castle** errichten. Ein Gebäude, das ebenso filmreif ist wie die Biografie seines einstigen Besitzers. Dessen Leben wurde von Orson Welles meisterhaft in dem Kultfilm ›Citizen Kane‹ in Szene gesetzt.

Das Haupthaus **Casa Grande** auf dem *Enchanted Hill*, dem verzauberten Hügel, zieren zwei 40 m hohe Türme, die an jene der Kathedrale von Sevilla erinnern. In dem nach antiken Vorbildern gestalteten **Neptun Pool** und dem römischen Hallenbad, dessen blaugoldene Mosaiken eine märchenhafte Stimmung heraufbeschwören, haben schon prominente Hearst-Gäste wie Charlie Chaplin oder Winston Churchill gebadet. Die Gäste wohnten in einem der drei Nebenhäuser, die mit insgesamt 46 Zimmern knapp halb so viele Räume wie das Haupthaus aufweisen.

Trotz der Größe der Anlage reichte der Platz nicht aus, um die von Hearst in aller Welt zusammengekauften **Kunstschätze** angemessen zu präsentieren. Auch wenn inzwischen viele Werke als Leihgaben an Museen gingen, wirken die Räume noch immer überladen. Gezeigt werden u. a. römische Sarkophage und Mosaiken.

ℹ️ Praktische Hinweise

Hearst Castle, 750 Hearst Castle Rd., Ticket-Vorbestellung Tel. 916/414-84 00, 800/444-44 45, www.hearstcastle.org, Führungen März–Sept. tgl. 8.20–16 Uhr, Okt.–Febr. Mo–Fr 9–17, Sa/So 9–15 Uhr

Hotel

Cambria Pines Lodge, 2905 Burton Dr., Cambria, Tel. 805/927-42 00, Fax 805/927-40 16, www.cambriapineslodge.com. Großzügige Zimmer und Apartments in weitläufigem Gelände. Obere Preisklasse.

Restaurant

Robin's, 4095 Burton Dr., Cambria, Tel. 805/927-50 07. Lunch und Dinner in netter Atmosphäre, internationale Küche.

27 San Luis Obispo
Pismo Beach

Ein Ort für Leib und Seele.

Als fünfte Mission in Kalifornien wurde *San Luis Obispo de Tolosa* gegründet. Im Museum der schönen **Missionskirche** (782 Monterey St.), die von den Spaniern 1772 errichtet wurde, wird Kunsthandwerk der Chumash Indianer gezeigt. Im hübschen Zentrum sieht man viktorianische Häuser, nette Cafés, Kneipen und Geschäfte. Ein Wahrzeichen von San Luis Obispo ist das nördl. vom Ortskern an der US 101 gelegene Hotel **Madonna Inn** (s. u.), ein kitschig-skurriles Bauwerk mit thematisch gestalteten Zimmern – mal an eine Felshöhle erinnernd, mal im Stil Ludwig XIV. gestylt.

Pismo Beach

Nur wenige Kilometer von San Luis Obispo entfernt liegt Pismo Beach, das lebhafte Zentrum eines Urlaubsgebiets, in dem sich Hotels mit Wohnwagensiedlungen abwechseln. Hier beginnt eine ›Sahara‹ von kilometerlangen **Dünen**, die sich nach Süden bis zu den 150 m hohen Sandhügeln der *Guadalupe Dunes* hinziehen. Als würden sich die Wogen des Pazifik auf dem Land fortsetzen, sind die Dünen wie lange, sandige Wellen geformt. Übrigens: die **Dunites**, eine in den 1930er-Jahren tätige Sekte, verehrte die Landschaft als Hort kosmischer Energie.

ℹ️ Praktische Hinweise

Information

San Luis Obispo Visitors Center, 1039 Chorro Street, Tel. 805/781-27 77, Fax 805/543-12 55, www.visitslo.com

Hotels

Best Western Shore Cliff Lodge, 2555 Price St., Pismo Beach, Tel. 805/773-46 71, Fax 805/773-23 41, www.shorecliff.com. Ordentliches Küstenhotel, teils mit fantastischem Meeresblick. Mittelklasse.

Madonna Inn, 100 Madonna Rd., San Luis Obispo, Tel. 805/543-30 00, Fax 805/543-18 00, www.madonnainn.com. Schrille Fantasiearchitektur, originelle Themenzimmer. Auch das Restaurant ist bunt geschmückt. Obere Preisklasse.

Restaurants

Hoppe's Garden Bistro, 78 N. Ocean Avenue, Cayucos, Tel. 805/995-10 06. Fantasievolle kalifornische Küche und hervorragender Wein (Mo/Di geschl.)

Freiheit auf dem Feuerstuhl: mit der Harley Davidson zu den Pismo-Beach-Dünen

Linnaea's Café, 1110 Garden St., San Luis Obispo, Tel. 805/541-58 88. Espresso, Cappuccino, leckere Torten sowie leichte Lunch- und Dinnergerichte.

28 Santa Ynez Valley
Solvang

Wo schon Mönche ihren Messwein auf Flaschen zogen, wächst noch heute manch gute Traube.

Schon die Mönche der spanischen Missionskirchen des Santa Ynez Valley wussten das dem **Weinanbau** förderliche Klima zu schätzen und pflanzten hier Weinstöcke für ihren Messwein an. Stets strömt eine leichte Meeresbrise durch das nach Westen offene Tal und mildert so das heiße Klima von Südkalifornien. Gelegentliche Morgennebel bringen zusätzliche Feuchtigkeit. Der *Chardonnay*, der heute auf den Feldern des Tales gedeiht und von den etwa 40 Winzereien gekeltert wird, hat längst auch international Anerkennung gefunden. Daneben werden *Cabernet Sauvignon, Pinot Noir* und *Merlot* angebaut.

Solvang
Wer glaubt, allein die deutsche Kultur werde in den USA auf ein Niveau von Blasmusik, Lederhosen und Knackwurst reduziert, wird im 5000-Seelen-Ort Solvang erfahren, dass Ähnliches auch Dänen widerfahren kann. Aus einer Siedlung dänischer Einwanderer ist ein **Folklore-Ort** geworden, mit *Windmühlen*

und *Fachwerkimitat*, selbst am örtlichen Sheraton Hotel. Man trägt sogar Holzschuhe und skandinavische Tracht.

ℹ Praktische Hinweise

Information
Solvang Visitors Bureau,
1511 Mission Dr., Tel. 805/688-61 44, Fax 805/688-86 20, www.solvangusa.com – **Santa Barbara Vintners Association**, Tel. 805/688-08 81, Fax 805/686-58 81, www.sbcountywines.com. Besichtigung von Weingütern.

Hotel
The Alisal Guest Ranch & Resort,
1054 Alisal Rd., Solvang, Tel. 805/688-64 11, Fax 805/688-25 10, www.alisal.com. Die Anlage mit eleganten Cottages, Reitwegen, Tennisanlagen und Golfplatz lässt kaum Wünsche offen. Luxusklasse.

Restaurant
Cabernet Bistro, 485 Alisal Rd., 1. Etage, Solvang, Tel. 805/688-88 71. Das Lokal bietet delikate südfranzösische Küche.

29 Santa Barbara

Perle an der kalifornischen Riviera mit der Königin der Missionskirchen.

Wenn kalifornische Klischees wahr werden, dann im sonnenverwöhnten Santa Barbara: mediterranes Flair, Architektur in altspanischem Stil, traumhaftes Klima und quirliges Strandleben. 94 000 Men-

Zu Gast in Dänemark – der Folklore-Ort Solvang im Santa Ynez Valley

Meisterstück – die Missionskirche von Santa Barbara gilt als schönste Kaliforniens

schen leben in der Stadt, die sich anmutig zwischen den bewaldeten Höhen der *Santa Ynez Mountains* und den Wellen des Pazifischen Ozeans entlang eines sanft ansteigenden Küstenstreifens erstreckt. 18 *Strände* laden hier und in der Umgebung zum Sonnenbaden und zum Wassersport ein. Rote Schindeldächer sind schon aus der Ferne zwischen dem Grün der Bäume auszumachen. Strenge Bauvorschriften verhinderten bislang Hochhäuser ebenso wie große Werbetafeln und grelle Neonreklame.

Ende des 16. Jh. war der spanische Kapitän Sebastián Vizcaíno an der Küste entlanggesegelt und hatte die indianische Siedlung entdeckt. Er taufte sie auf den Namen Santa Barbara nach der *Tagesheiligen* des katholischen Kalenders. Erst 1782 unternahmen die Spanier ernsthafte Anstrengungen, das von ihnen beanspruchte Areal zu befestigen. Ein *Fort* wurde errichtet, vier Jahre später begannen die Franziskanermönche, die zehnte ihrer insgesamt 21 kalifornischen Missionskirchen in Santa Barbara zu erbauen. Damit war auch der Niedergang der in der Region siedelnden *Chumash Indianer* eingeläutet, denn ein Großteil von ihnen wurde in den kommenden Jahren von aus Europa eingeschleppten Krankheiten dahingerafft.

1925 erschütterte ein gewaltiges *Erdbeben* Südkalifornien und ebnete große Teile der Stadt ein. Aus den Trümmern entstand – von den Stadtvätern klug beschlossen – ein neues Santa Barbara, das heute bei Besuchern und Bewohnern gleichermaßen beliebt ist.

Geschäfte, Restaurants und Straßencafés laden dazu ein, die **State Street** im *alten Stadtzentrum* entlangzuschlendern. Auch lohnt es sich, in den Antiquitätengeschäften der Brinkerhof Avenue zu stöbern. Im **El Paseo** (814 State St.), einem Einkaufszentrum mit kleinen Boutiquen, Galerien und Restaurants – errichtet im spanisch-maurischen Stil –, lässt sich gut bummeln, ebenso in der ähnlich attraktiv gestalteten Einkaufspassage **Paseo Nuevo** (700–800 State St.).

Wandgemälde des einheimischen Künstlers Dan Sayre Groesbeck mit Motiven aus der Stadtgeschichte schmücken die Gerichtssäle des 1929 eröffneten **County Courthouse** (1100 Anacapa St., Infos zu Touren, Tel. 805/962-64 64). Mit großen Torbogen, Kachelbildern, schmiedeeisernen Gittern und malerischen Laternen gilt das Gerichtsgebäude im Zentrum von Santa Barbara als Paradebeispiel für den populären mediterranen Baustil der Stadt. Zwei Blocks weiter im Norden liegt das kleine, aber feine **Santa Barbara Museum of Art** (1130 State St., Tel. 805/963-43 64, www.sbma.net, Di–So 11–17 Uhr), in dem u. a. altägyptische Reliefs, flämische Malerei, Werke von Im-

Abgefahren – in Santa Barbara kann man entspanntes Urlaubsleben genießen

pressionisten wie Monet und Degas sowie von amerikanischen Künstlern, darunter Georgia O'Keefe und Edward Hopper, zu sehen sind. Zwei Blocks südl. vom Courthouse informiert das **Santa Barbara Historical Museum** (136 E. De la Guerra, Tel. 805/966-16 01, www.santabarbara museum.com, Di–Sa 10–17 Uhr, So 12–17 Uhr) über die Geschichte der Stadt und der Region.

Ein kleiner Teil des alten spanischen Presidio ist noch erhalten. Die übrigen Gebäude wurden im ursprünglichen *Adobe-Baustil* restauriert und können im **El Presidio de Santa Barbara State Historic Park** (123 E. Canon Perdido St., Tel. 805/966-97 16, www.sbthp.org, tgl. 10.30–16.30 Uhr) besichtigt werden.

Folgt man nun der St. Barbara St. stadtauswärts, so kommt man nach ca. 2 km zum ältesten Bauwerk der Stadt, der Kirche **Old Mission Santa Barbara** (E. Los Olivos St./Laguna St., Tel. 805/965-00 93, www.sb mission.org, tgl. 9–17 Uhr), ein Meisterwerk der spanischen Missionsarchitektur. Sie blickt von einem Hügel am nördl. Stadtrand auf Santa Barbara und die Inseln vor der Küste hinab. Der klassizistische Mittelbau der ›Königin der Missionskirchen‹ wird von zwei massigen Türmen gerahmt. Vor dem Kirchenportal sieht man einen schönen Brunnen. Idyllische Ruhe bietet der *Missionsgarten*. Ein kleines *Museum* ist dem Franziskanerorden gewidmet.

Nicht weit von der Mission entfernt gibt das ausgezeichnete **Santa Barbara Museum of Natural History** (2559 Puesta del Sol Rd., Tel. 805/682-47 11, www.sbnature.org, tgl. 10–17 Uhr) Aufschluss über die Entwicklungsgeschichte der Flora und Fauna der Pazifikküste und der Unterwasserwelt von Kalifornien.

Zum Abschluss lohnt ein Abstecher zum Hafen mit der **Stearns Wharf**, einer langen hölzernen Landungsbrücke. Ihr Namenspate John P. Stearns ließ sie 1872 als Bootsanleger errichten, heute locken Geschäfte, Restaurants, Galerien und ein Fischmarkt. Von der Brücke bietet sich zugleich ein wunderschöner Blick auf die Stadt und die Santa-Ynez-Berge.

Auf der Brücke ist auch das meeresbiologische Forschungszentrum **Ty Warner Sea Center** (211 Stearns Wharf, Tel. 805/962-25 26, tgl. 10–17 Uhr) mit einem Ausstellungszentrum zu Hause.

Am Südende des Hafens informiert das **Santa Barbara Maritime Museum** (113 Harbour Way, Tel. 805/962-84 04, http://sbmm.org, tgl. 10–18, winters tgl. 10–17 Uhr) über Seefahrt und Hochseefischerei. Ferner bietet es eine virtuelle Tour zur Erforschung der Küste.

Wer wissen will, wie man in Santa Barbara früher lebte, sollte Anfang August kommen: Während der fünftägigen *Old Spanish Days Fiesta* wird die Geschichte der Stadt in Umzügen und Festevents wieder lebendig.

Strände

East Beach und **Cabrillo Beach** südöstl. der Marina kann man von der Innenstadt Santa Barbaras zu Fuß erreichen. Westlich des Hafens liegen **Leadbetter Beach** und **Arroyo Burro Beach**. Am **Goleta Beach** treffen sich die Studenten.

ℹ️ Praktische Hinweise

Information

Santa Barbara Visitors Bureau & Film Commission, 1601 Anacapa St., Santa Barbara, Tel. 805/966-9222, Fax 805/966-1728, www.santabarbaraca.com – **Visitor Information Center**, 1 Santa Barbara St., Santa Barbara, Tel. 805/965-3021 – **Outdoor Visitor Center**, 113 Harbor Way, Santa Barbara, Tel. 805/884-1475, http://outdoorsb.noaa.gov. Infos zu Natur- und Sport-Ausflügen, z. B. zu den Channel Islands.

Schiff

Truth Aquatics, 301 W. Cabrillo Bvld., Santa Barbara, Tel. 805/962-1127, Fax 805/564-6754, www.truthaquatics.com. Schiffsverbindungen zu den Channel Islands. Ausflüge zur Walbeobachtung, zum Sportfischen, Tauchen oder Schnorcheln beim gleichen Veranstalter, Tel. 805/963-3564.

Santa Barbara Sailing Center, 133 Harbour Way, Santa Barbara, Tel. 805/962-2826, Fax 805/966-7435, www.sbsail.com. Segeln im herrlichen Revier um die Channel Islands, auch mit Skipper.

Hotels

San Ysidro Ranch, 900 San Ysidro Lane, Santa Barbara, Tel. 805/969-5046, Fax 805/565-1995, www.sanysidroranch.com. Churchill, die Kennedys und Groucho Marx gehören zu den zahlreichen Prominenten, die sich im Gästebuch eingetragen und einen der luxuriösen Bungalows bewohnt haben. Eigener Reitstall und Golfplatz. Luxusklasse.

Villa Rosa Inn, 15 Chapala St., Santa Barbara, Tel. 805/966-0851, Fax 805/962-7159, www.villarosainnsb.com. Hübsch eingerichtetes Bed & Breakfast nicht weit vom Strand. Schöner Innenhof und toskanisches Flair. Mittlere Preisklasse.

Restaurants

Bouchon, 9 W. Victoria St., Santa Barbara, Tel. 805/730-1160, www.bouchonsantabarbara.com. Köstliche Speisen, himmlische Weinauswahl.

La Super-Rica Taqueria, 622 N. Milpas St., Santa Barbara, Tel. 805/963-4940. Exzellente Tacos.

30 Channel Islands National Park

Wandern in unberührter Natur.

Auf den Channel Islands **Anacapa**, **San Miguel**, **Santa Barbara**, **Santa Cruz** und **Santa Rosa** haben die Naturschützer zum Glück die Oberhand behalten. Seit 1980 gehören die fünf Inseln zu dem **Nationalpark**, der außerdem mehr als 4000 km² *Meeresschutzgebiet* umfasst. Die weitgehend unbewohnten Inseln, auf denen auch keine Hotels und Restaurants errichtet worden sind, lassen sich von Santa Barbara oder Ventura aus per Schiff oder Flugzeug erreichen. Etwa 30 000 Besucher pro Jahr kommen zu *Wanderungen* über die mit Sonnenblumenbäumen, Lotus, Malven und allerlei Buschwerk bewachsenen Inseln, auf denen auch einige *bedrohte Tierarten* wie der graubraune Inselfuchs sowie Seevögel, z. B. der kalifornische Pelikan oder Kormorane, leben.

Da sich im Bereich der Inseln die kalte Meeresströmung aus dem Norden mit den warmen, tropischen Gewässern des Südens vermischt, ist der Reichtum an Pflanzen und Tieren Unterwasser noch viel größer als der an Land, auf den Inseln. Von den Grauwalen bis zum Plankton, von der Seeanemone bis zum Seestern reicht die Vielfalt der Meeresbewohner. Die *Seelöwen*, deren weiches Fell bereits die russischen Pelzjäger vor 200 Jahren an die kalifornische Küste zog, waren einst beinah ausgestorben. Auf San Miguel Island jedoch kann man heute wieder sieben verschiedene Arten von Robben und Seelöwen auf den Felsen am Ufer ausmachen.

ℹ️ Praktische Hinweise

Information

Channel Islands Visitor Center, 1901 Spinnaker Dr., Ventura, Tel. 805/658-5730, Fax 805/658-5799, www.nps.gov/chis

Schiff

Island Packers Inc., 1691 Spinnacker Dr., Ventura, Tel. 805/642-1393, www.islandpackers.com. Boots-, Tauch- und Wanderausflüge.

Flugzeug

Channel Island Aviation, 305 Durley Ave., Camarillo, Tel. 805/987-1301, www.flycia.com

Los Angeles –
teuflisch gute Stadt der Engel

Die **Stadt der Engel** ist auch ein Moloch. Los Angeles – oder kurz L. A. – ist lässig und zugleich laut, glamourös und gleichzeitig gespenstisch, faszinierend und zugleich Furcht einflößend, Traum ebenso wie Alptraum! Eine **Stadt der Superlative**, mit keiner anderen des Westens zu vergleichen. In Los Angeles werden Trends gesetzt, hier wird das Motto ›Have fun!‹ unter der sengenden Sonne Südkaliforniens ausgiebig gelebt. Fernsehserien wie ›O.C. California‹ oder ›Beverly Hills 90210‹ haben es vorgemacht: ›Life is easy‹, auch wenn man darüber die wirklichen Probleme der Mega-Stadt zu vergessen scheint. Krasser könnten die **Kontraste** nicht sein: Auf einer Straßenseite sitzen die Schönen und Reichen beim Champagner-Frühstück, auf der anderen Seite betteln Obdachlose um ein paar Cents. Blasierte Eleganz in Bel Air, Elend in manchen Einwanderer-Vierteln.

Los Angeles erstreckt sich über eine Fläche von 1200 km², mit den Randgemeinden ist die **Mega-Stadt** größer als das *Ruhrgebiet*. Wie ein Gitternetz sind bis zu zehn Spuren breite Autobahnen mit einer Gesamtlänge von fast 2000 km über die Stadt gelegt und können den täglichen Verkehrsinfarkt dennoch nicht verhindern. Das eigentliche Los Angeles ist mit etwa 3,9 Mio. Einwohnern zweitgrößte Metropole der USA und bildet mit den umliegenden Städten und Gemeinden längst eine unauflösbare Einheit. In dieser *Megalopolis* im Süden von Kalifornien wohnen heute über 17,5 Mio. Menschen. Die *Weißen* europäischer Abstammung machen inzwischen nur noch etwa 30 % der Gesamtbevölkerung aus. 46 % sind sog. Hispanics, die ihre Wurzel in Lateinamerika haben (die meisten sind mexikanischer Herkunft). Die *Asiaten* stellen etwa 10 %, *Afro-Amerikaner* knapp 11 % der Bevölkerung.

Südl. von Los Angeles locken die hübschen Strandorte **Newport Beach** und **Laguna Beach**, beliebtes Erholungsgebiet ist auch **Santa Catalina Island**.

31 Los Angeles *Plan Seite 92, 94*

Dynamisches Mosaik aus vielen Stadtteilen, schöne Strände am Pazifik und keine Sekunde Langeweile.

Ein Zentrum wie San Francisco, Chicago oder New York hat Los Angeles nicht, aber immerhin einen Ort, an dem alles begann. 1781 wurde die spanische Siedlung *Pueblo del Río de Nuestra Señora de la Reina de los Angeles de Porciúncula* gegründet. Erst 1876, als die transkontinentale Eisenbahn die Stadt erreichte und sie als wirtschaftlichen Standort attraktiv machte, begann der Aufschwung. Als 1892 im Stadtgebiet Öl gefunden wurde und erneut 1915, als die *Filmindustrie* Los

Mit Vollgas durchs Lichtermeer: Downtown von Los Angeles bei Nacht

Angeles für sich entdeckte, nahm L. A. an Bedeutung zu und überflügelte bald sogar San Francisco, die ewige Konkurrentin im Norden.

Downtown

Heute wird die Keimzelle der Stadt Downtown genannt. Sie wird begrenzt durch die Freeways Pasadena, Santa Ana und Santa Monica. Idealer Ausgangspunkt für eine Besichtigung ist **El Pueblo de Los Angeles Historic Monument** ❶ (Sepulveda House & Visitor Center, 622 N. Main St., Tel. 213/628-12 74, Mo–Sa 10–15 Uhr). Hier quillt es geradezu über von mexikanischer Folklore: In der kurzen **Olvera Street** reihen sich mexikanische Imbisse, Restaurants und Andenkenläden aneinander, die Musik der gitarrenzupfenden *Mariachi Bands* verstummt den ganzen Tag nicht. Die **Old Plaza Church** an der

Die Walt Disney Concert Hall entwarf Frank Gehry als stahlglänzendes Fantasiegebilde aus unterschiedlichsten geometrischen Formen

Old Plaza, mit deren Bau 1818 begonnen wurde, sowie einige restaurierte Häuser im *Adobe-Stil* geben dem munteren Treiben historisches Flair. Das Gebäude der **Union Station** ❷ auf der gegenüberliegenden Seite der Alameda Street scheint aus derselben Zeit zu stammen: Der Hauptbahnhof der Stadt, heute auch Endstation der U-Bahn, wurde allerdings erst 1939 in spanischem Stil errichtet. Das im Süden angrenzende **Little Tokyo**, früher Hauptsiedlungsgebiet der japanischstämmigen Bevölkerung, ist heute kulturelles Zentrum mit vielen japanischen Restaurants.

Im **Civic Center** mit seinen diversen Gerichtsgebäuden fällt die monumentale **City Hall** ❸ architektonisch aus dem Rahmen. Das 1928 fertig gestellte Rathaus der Stadt wurde im Art-déco-Stil errichtet und übertraf mit seinem 138 m hohen *Turm* als erstes Gebäude die bis dato geltende Bauhöhe von maximal 13 Stockwerken. In der Nähe lohnt das **Los Angeles Times Building** ❹ (202 W. 1st St., Touren auf Anmeldung, Tel. 213/237-57 57), in dem die größte Tageszeitung Kaliforniens, die *Los Angeles Times*, hergestellt wird, einen Besuch. An der Ecke 1st Street/Grand Avenue findet man das

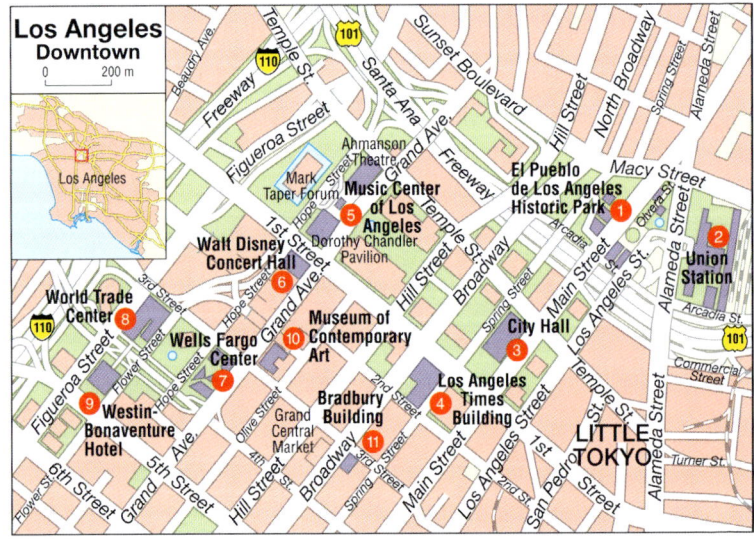

Music Center of Los Angeles ⑤ mit mehreren Aufführungsgebäuden. Es gibt mehrere Bühnen für Theateraufführungen, Opern und Musicals. Der *Dorothy Chandler Pavillon* war früher Schauplatz der jährlichen Oscar-Preisverleihung, heute finden hier ebenfalls Konzerte und Opern statt. Theater- und Konzertbesucher können sich auch an der vom Architekten Frank Gehry konstruierten, spektakulären **Walt Disney Concert Hall** ⑥ (111 S. Grand Ave, Tel. 213/972-43 99, Touren) erfreuen, der Heimstatt der *Los Angeles Philharmonic* mit einem der klangvollsten Konzertauditorien der Welt.

Etwas weiter südwestl. erstreckt sich der beeindruckende Hochhausbezirk **Financial District**. Neben dem **Wells Fargo Center** ⑦ und dem riesigen, 1992 errichteten Turm des **World Trade Centers** ⑧ sieht man das von dem Architekten John Portman aus Atlanta 1976 aus fünf verglasten Zylindern komponierte **Westin-Bonaventure Hotel** ⑨. Vor allem die *Lobby* dieses Gebäudes ist atemberaubend, vom *Drehrestaurant* des Hotels hat man eine Super-Sicht.

Das **Museum of Contemporary Art** ⑩, kurz MOCA (250 S. Grand Ave./California Plaza, Tel. 213/626-62 22, www.moca-la.org, Mo, Fr 11–17, Do 11–20, Sa/So 11–18 Uhr), ist in einem postmodernen Bau des japanischen Architekten Arata Isozaki von 1986 untergebracht. Die sehenswerte Sammlung umfasst u. a. Werke des Abstrakten Expressionismus, der Pop Art und der Multimedia Kunst.

Art-déco-Turm der Public Library und postmodernes Westin-Bonaventure Hotel

Das vierstöckige **Bradbury Building** ⑪ (3rd St./Broadway) aus dem Jahr 1893 überrascht mit einem großzügigen, verglasten *Innenhof*, mit gusseisernen Geländern und geschmackvollem Dekor aus Holz, Marmor und mexikanischen Kachelarbeiten.

Messerscharfe Kunst: Erlebniswelt im Museum of Contemporary Art

Der **Grand Central Market** auf der gegenüberliegenden Straßenseite ist einer der schönsten Lebensmittelmärkte Kaliforniens, üppig ausgestattet mit Speisen und Leckereien aus vielen Regionen.

Pasadena

Wer den Freeway nach Norden fährt, erreicht nach etwa 20 Autominuten Pasadena (www.pasadenacal.com), den Vorort an den südwestl. Ausläufern der San Gabriel Mountains. *Rose Bowl*, das bedeutendste Ereignis des Jahres, findet hier am Neujahrstag statt: Erlebnisreich und bunt sind die seit 1889 veranstaltete, weltberühmte Rosen-Parade und das bereits Monate zuvor ausverkaufte Footballmatch der besten Universitätsmannschaften des Westens und Mittleren Westens im *Rose Bowl Stadium*.

Von den Sehenswürdigkeiten Pasadenas ist das **Norton Simon Museum** 🔴**12** (411 W. Colorado Blvd., Tel 626/449-68 40, www.nortonsimon.org, Mi–Mo 12–18, Fr 12–21 Uhr) als eine der bedeutendsten Privatsammlungen zur Kunst des 14.–20. Jh. hervorzuheben. Gezeigt werden Werke von Raffael, Rembrandt, Cézanne, van Gogh, Monet, Jawlensky, Klee, Picasso etc. Hinzu kommt eine interessante Sammlung asiatischer Kunst.

TOP TIPP An den Hängen der San Gabriel Mountains lockt **The Huntington Library, Art Collections and Botanical Gardens** 🔴**13** (1151 Oxford Rd., San Marino, Tel. 626/405-21 00, www.huntington.org, Hauptgebäude bis Herbst 2008 geschl., Teile der Sammlung in Erburu Gallery, Juni–Aug. Di–So 10.30–16.30, sonst Di–Fr 12–16.30, Sa/So 10.30–16.30 Uhr) mit weiteren Kostbarkeiten. Die einstige Residenz Henry Edwards Huntingtons, der einen Teil seines Vermögens in Kunstgegenstände investierte, besteht heute aus einer Bibliothek, einer Kunstsammlung sowie einem weitläufigen Botanischen Garten. In der *Library* ist neben anderen kostbaren alten Schriften auch eine Gutenbergbibel zu sehen. Die interessanten *Art Collections* zeigen u. a. Werke von Gainsborough, Constable, Reynolds, van Dyck und Turner. In den *Botanical Gardens* mit ihrer üppigen Flora aus aller Welt gibt es auch einen schönen *Zen-Garten* zu bewundern.

Museumsmeile

Wer von Downtown in die entgegengesetzte Richtung, auf dem Wilshire Boulevard nach Westen fährt, passiert *Little Korea*, dann einen *Miracle Mile* genannten Abschnitt mit prächtigen Art-déco-Bauten und befindet sich bald in einem Ge-

biet mit weiteren interessanten Museen. Das **Petersen Automotive Museum**  (6060 Wilshire Blvd., Tel. 323/930-2277, www.petersen.org, Di–So 10–18 Uhr) ist dem hochverehrten ›Heiligtum‹ der Stadt, dem Auto und seiner Geschichte, gewidmet. Hier werden z. B. Karossen einstiger Hollywood-Stars präsentiert.

Die nahe gelegenen *La Brea Tar Pits*, die Teergruben, waren jahrtausendelang eine tödliche Falle für Tiere (und einige Menschen) und sind daher heute eine reiche Fundstätte für Skelette aus der letzten Eiszeit. Die bemerkenswertesten Exemplare sind in dem hinter den Gruben gelegenen **Page Museum at La Brea Tar Pits** (5801 Wilshire Blvd., Tel. 323/934-7243, www.tarpits.org, Mo–Fr 9.30–17, Sa/So 10–17 Uhr) ausgestellt. Sie repräsentieren das prähistorische Südkalifornien.

Das benachbarte **Los Angeles County Museum of Art** (5905 Wilshire Blvd., Tel. 323/857-6000, www.lacma.org, Mo, Di, Do 12–20, Fr 12–21, Sa/So 11–20 Uhr) ist eines der großen Kunstmuseen der Welt. Zu den Sammlungsgebieten gehören amerikanische und lateinamerikanische Kunst sowie europäische Malerei und Skulptur vom Barock bis in die Gegenwart, mit Meisterwerken von Rembrandt, Rosso Fi-

Schatzkästchen der Superlative: Im County Museum of Art findet man große Kunst

orentino, Gauguin und Cézanne. Eine eigene Galerie ist den deutschen Expressionisten gewidmet. Sehenswert ist auch der *Pavilion for Japanese Art* mit Gemälden und Skulpturen. Weitere Sammlungen zeigen Kunsthandwerk, Textilien und Fotografie, außerdem finden bedeutende *Wechselausstellungen* statt.

Der weitläufige **Exposition Park** erstreckt sich ein gutes Stück südl. von dieser Kulturmeile und grenzt sowohl an den großen Campus der privaten *University of Southern California (USC)* als auch an das eher unwirtliche Stadtviertel L. A. South Central. Im Park, dessen Sportstadion *Memorial Coliseum* Schauplatz der Olympischen Spiele von 1932 und von 1984 war, lohnt neben dem **Natural History Museum** (900 Exposition Blvd., Exposition Park, Tel. 213/763-3466, www. nhm.org, Mo–Fr 9.30–17, Sa/So/Fei 10–17 Uhr) vor allem das fantastische **California Science Center** (700 State Drive, Tel. 323/724-3623, www.casciencectr.org, tgl. 10–17 Uhr) einen Besuch. Umfassende, anschauliche Darstellungen physikalischer und chemischer Gesetzmäßigkeiten erwarten den Besucher, dazu ein *Aerospace Museum* sowie ein *IMAX-Kino* (Tel. 213/ 744-7400) – und die Möglichkeit, vieles in Experimenten selbst auszuprobieren. Im Rosengarten kann man anschließend herrlich entspannen.

Hollywood

Trotz spannender Museen – weltberühmt ist Los Angeles für Kunstwerke ganz anderer Art. Seitdem sich um 1900 erste Filmemacher von der Ostküste im

Mythos Megastars – Abdrücke von Händen, Füßen und Unterschriften der VIPs zieren den Hollywood Boulevard

Südwesten der USA niederließen und Filmstudios in Hollywood, dem nördlichen Vorort von L. A., errichteten, ist die **Industrie der Illusionen**, des schönen Scheins, das Geschäft mit Glitzer und Gla-

mour einer der wichtigsten Wirtschaftszweige der Stadt. Das oft totgesagte Kino ist heute lebendiger und beliebter denn je. Produktionen und **Stars** aus der Traumfabrik Hollywood dominieren die Leinwände der Filmtheater in allen Erdteilen. In Hollywood selbst ist der Glanz der alten Tage etwas abgeblättert, auch wenn seit der Wiedereröffnung des Kodak Theatres die Oscars wieder am Boulevard verliehen werden. Die meisten Produktionsgesellschaften für Film und Fernsehen sind ins weiter nordwestl. gelegene *Burbank* gezogen, in einigen Hauseingängen am Hollywood Boulevard haben Obdachlose Unterschlupf gefunden.

Dennoch, wandern Sie den Boulevard der Kinoträume entlang! Vielleicht werden Sie Zeuge einer Premierenvorstellung im nostalgischen, im Stil einer chinesischen Pagode errichteten **Grauman's Chinese Theatre** 🔞 (6925 Hollywood Blvd., Tel. 323/461-3311), wenn Stars und Sternchen sich in imposanten *Stretchlimousinen* vor den Eingang chauffieren lassen. Der Vorplatz des berühmten Kinos fasziniert mit Abdrücken von Händen, Füßen und Unterschriften der Weltstars

Eindrucksvoll sind auch die Mega-Figuren von Clark Gable und James Dean

Traumwelt mit realer Konsummeile in den Universal Studios von Hollywood

von Marilyn Monroe bis Sophia Loren. Ein Blick auf den Boden lohnt sich auch beim **Walk of Fame**, den Bürgersteigen an *Hollywood Boulevard* und *Vine Street*, auf denen fast 2400 messinggerahmte *Marmorsterne* die Namen von Stars aus Film, Fernsehen, Theater und Musikbranche verewigen – Mickey Mouse inbegriffen. Jedes Jahr kommen 24 neue Sterne hinzu.

Wer die *Welt des Kinos* hautnah erleben möchte, sollte unbedingt einen Besuch der **Universal Studios Hollywood** 🔴19 (100 Universal City Plaza, Hollywood Freeway/ Lankershim Blvd., Universal City, Tel. 800/ 864-8377, www.universalstudioshollywood. com, tgl. ab 10, im Sommer ab 9 Uhr, Schließzeiten variieren) einplanen. Diese sind in Wirklichkeit zwar nicht in Hollywood gelegen, sondern weiter nordwestlich, in Burbank, doch verspricht der Name Hollywood naturgemäß mehr Werbewirksamkeit. Diese Kombination aus Vergnügungspark und Studiobetrieb hat sicherlich ihre Faszination. Hier erlebt man z. B., wie ägyptische Mumien erwachen, man kann aber auch die Stuntshow von ›Waterworld‹ verfolgen oder an einem 3-D-Abenteuer von ›Shrek‹ teilnehmen. Zu den Attraktionen gehören auch die Welt der Dinos von ›Jurassic Park‹ und eine *Spider-Man Show*. Der **Universal Studios CityWalk** (tgl. ab 11 Uhr, Tel. 818/622-44 55) bietet *Restaurants* und *Souvenirläden* für alle, die von der Traumwelt Hollywood

überhaupt nicht genug bekommen können.

Der **Griffith Park** 🟠20 östl. der Filmmetropole bildet eine 17 km² große Oase in der Stadt. Das **Griffith Observatory** (2800 E. Observatory Rd., Tel. 323/664 -1181, www.griffithobs.org,

Nichts für bescheidene Mäuse: ein Stern für Mickey Mouse am Walk of Fame

Für Sterngucker: Griffith Observatory. Der Blick von hier über L. A. ist gewaltig!

Besichtigung nur nach Reservierung im Internet), das Cineasten aus dem Filmklassiker ›Denn sie wissen nicht, was sie tun‹ mit James Dean und Nathalie Wood wohlbekannt ist, bietet nicht nur Ausblicke in den Sternenhimmel. Besonders in der Abenddämmerung hat man von der Aussichtsplattform einen gigantischen **Blick** über die ganze Stadt mit

ihrem Lichtermeer. Und von hier aus sieht man bestens auf die 15 m hohen, insgesamt 150 m langen Buchstaben, die das Wort ›Hollywood‹ ergeben und zum **Symbol der Filmindustrie** geworden sind.

Im **Forest Lawn Memorial Park** (1712 S. Glendale Ave., Tel. 323/254-3131, www. forestlawn.com, tgl. 8–18 Uhr), einem

Ich schau' Dir in die Tasse, Kleines – Humphrey Yogart Café, Melrose Avenue

weitläufigen Friedhof der Reichen und Berühmten am nördl. Ende des Parks, sind zahlreiche *Film- und Musikstars* wie Humphrey Bogart, Nat ›King‹ Cole, Errol Flynn, Clark Gable oder Walt Disney zur letzten Ruhe gebettet. Auch die Reproduktionen berühmter Kunstwerke wie Leonardo da Vincis ›Letztes Abendmahl‹ in Glas, diverse süßlich-kitschige Bilder und eine Media-Show lassen die Nähe zu Hollywood nicht vergessen.

Wer originelle Mitbringsel von seinem Aufenthalt in Los Angeles sucht, könnte in einem der vielen Läden der **Melrose Avenue** in *West Hollywood* fündig werden. Geschäfte mit schriller Designer-Mode, aber auch die abgelegte Garderobe von Filmstars sind hier zu finden. Dazu jede Menge Szene-Cafés, Musikläden – und megacooles Publikum.

TOP TIPP

Beverly Hills 21

Wer prinzipiell nur teuerste Designerstücke erwerben möchte, der sucht die Shopping-Meile des **Rodeo Drive** im unmittelbar an West Hollywood grenzenden Stadtteil Beverly Hills auf. Eine Luxusboutique reiht sich hier an die andere, ein wahres ›Who is Who‹ der Edelmarken: von Armani über Hermès und Gucci bis zu Yves St. Laurent. Und auch wer nur schauen möchte, hat hier sein Vergnügen. Wo sonst sieht man schon mitten im Sommer Damen im Pelzmantel beim Shopping? In Beverly Hills, dessen Haushalte mit durchschnittlich $ 100 000 Jahreseinkommen das der übrigen Einwohner der Stadt deutlich übertreffen, lässt sich gut schlendern. In den Nebenstraßen des *La Cienega Boulevard* und des Sunset Boulevard, der hier *Sunset Strip* heißt, liegen schöne Villen an palmengesäumten Alleen. Ganz andere Töne werden im **Museum of Tolerance** (9786 W. Pico Blvd., Tel. 310/553-84 03, www.museumoftolerance.com, sommers Mo–Do 11–18.30, Fr 11–17 Uhr, So 11–19.30 Uhr, winters Mo–Do 11.30–18.30 Uhr, Fr 11.30–15, So 11–19.30 Uhr, Einlass bis 2,5 Std. vor Schluss, Sa, Fei (auch an jüdischen) geschl.) angestimmt. Die Schwerpunkte der hervorragenden Ausstellung bilden die Geschichte des Holocaust, dessen Schrecken anhand von Einzelschicksalen verdeutlicht werden, sowie die Folgen von Intoleranz und Vorurteilen in Amerika.

Westside nennt man vereinfachend die Stadtgebiete westl. von Beverly Hills. Das hübsche **Westwood** 22 bietet lebendiges Treiben mit Geschäften, Kneipen und Kinos.

Blauer Himmel und schöne Autos am mondänen Rodeo Drive

Santa Monica 23

Santa Monica ist bekannt für seine breiten **Strände**, die sich bis nach Malibu im Norden und Redondo Beach im Süden erstrecken. Hier wurden bereits Beach-Volleyball-Turniere ausgerichtet, als im Olympischen Komitee noch keiner die Sportart kannte. Seit ihrem ›face lifting‹ präsentiert sich die aus vielen Hollywood-Streifen bekannte **Santa Monica Pier** mit Riesenrad und gemütlichen Fahrgeschäften lebendiger als je zuvor. Schicke Geschäfte reihen sich entlang der 3rd St. Promenade aneinander.

Venice Beach 24

Das muntere Treiben am Strand und an der Promenade von Santa Monica wird nur noch vom Flair des benachbarten Venice Beach übertroffen. Zentrum und Sinnbild der ausgeflippten Szene auf dem **Ocean Front Walk** ist **Muscle Beach**, ein Bodybuilding-Studio unter freiem Himmel, in dem exhibitionistisch veranlagte Muskelpakete ihr schweißtreibendes Training absolvieren. Das Getümmel auf der Promenade mit ihren T-Shirt-Ständen und Imbissbuden ist unglaublich: Wahrsager, Rollerblade-Akrobaten und selbst ernannte Rap-Künstler stellen ihre Talente unter Beweis, zum Publikum gehören auch abenteuerlich herausgeputzte Spaziergänger. Ob all

Große Kunst und große Bauten: das Paul Getty Center in den Santa Monica Mountains

dieser Pracht könnte man fast vergessen, dass nur wenige Meter entfernt die Wellen des Pazifik an einen schönen Strand rollen.

Malibu 25

Mit seinen **Stelzenhäusern** am Strand gehört Malibu zu den exklusivsten Wohngegenden Kaliforniens. Die mondänen Villen sind wie Reihenhäuser eng aneinander gebaut, der Strand ist hier nur über die öffentlichen Zugangsstraßen erreichbar. Zu einiger Berühmtheit kam seit der Jahrtausendwende Carbon Beach, wo sich die Millardäre Geffen und Ellison für enorme Millionenbeträge ein Haus nach dem anderen kauften – der Abschnitt heißt seither *Billionaire's Beach* - Strand der Milliardäre.

Surfer freuen sich über die lang gezogenen, bis zu 2,50 m hohen Wellen am **Surfrider Beach**, der heute offiziell Malibu Lagoon State Beach heißt. Vor allem im Spätsommer, wenn Stürme vor Mexikos Küste das Meer aufgewühlt haben, kann man die Dünung sportlich genießen. Da macht selbst das Zuschauen Spaß!

Zwei bedeutende *kulturelle Attraktionen* von Südkalifornien findet man in Malibu und in den Santa Monica Mountains. Sie sind dem 1976 verstorbenen

Gelobt sei, was schön ist! Kalifornischer Körperkult in vier Akten: heiße Rhythmen (**oben**)*, Spaß auf Rollerblades (Mitte links) in Venice Beach oder fit durch Beach-Volleyball* (**Mitte rechts**)*. Und selbst Botticellis Venus scheint dem Sun-and-Fun-Motto zu frönen* (**unten**)

John Paul Getty, einem der reichsten Männer der Welt, zu verdanken. Aus seinem Stiftungsvermögen von fast 4 Mrd. Dollar stehen jährlich mehr als 100 Mio. Dollar für den Ankauf von Kunstwerken zur Verfügung. Offenbar ging bei den Erwerbungen nicht immer alles mit rechten Dingen zu, denn 2005 musste die Stiftung zugeben, 350 römische, griechische und etruskische Antiken von Händlern gekauft zu haben, die wegen des Handels mit geraubten Kunstwerken entweder verurteilt oder zumindest verdächtig waren. Angeblich stammten manche Werke sogar aus Raubgrabungen.

Die **Getty Villa** von Malibu (17985 Pacific Coast Hwy., Pacific Palisades, Ticketreservierung Tel. 310/440-73 00, www.getty.edu, Do-Mo 10-17 Uhr), ein Nachbau der *Villa dei Papiri* in Herculaneum, beherbergt Kunstwerke und Fundstücke vor allem zur griechischen, etruskischen und römischen Antike. Den Großteil der Kollektionen aber zeigt das **J. Paul Getty Center** (1200 Getty Center Drive, Tel. 310/440-73 00, www.getty.edu, Di–Do, So 10–18, Fr/Sa 10–21 Uhr), ein spektakulärer Architekturkomplex (1997) des Star-Architekten Richard Meier in *Brentwood* in den Santa Monica Mountains. Sammlungsschwerpunkte sind neben der antiken Kunst europäische Malerei, Skulptur und Kunsthandwerk sowie europäische und amerikanische Fotografie. Zu den *Meisterwerken* gehören Gemälde von Rembrandt, Rubens, Renoir und van Gogh. Wechselausstellungen ergänzen das Programm.

Traumpaar: Mickey und Minnie, zwei flotte Mäuse aus Disneyland

Long Beach 26

Long Beach im Süden von L. A., das man über die I-110 erreicht, hat einen langen **Strand**, der von Tages- und Wochenendausflüglern frequentiert wird. Die Bucht von San Pedro bis Long Beach ist der wichtigste **Seehafen** von Los Angeles – neben Port Hueneme an der Küste des San Fernando Valley nördl. der Santa Monica Mountains. Viele Besucher kommen in die Stadt, um den früheren Luxus-Oceanliner ›**Queen Mary**‹ (1126 Queens Hwy., Tel. 562/435-35 11, www.queenmary.com, tgl. 10–18 Uhr) zu besichtigen. Das einst größte Passagierschiff der Welt liegt seit 1971 als schwimmendes *Hotel* und *Museum* an einer Pier am Ende der I-710 an der Queensway Bay. Gegenüber der Bay wurde mit dem **Shoreline Village** ein Shopping- und Restaurantkomplex im Neuenglandstil geschaffen. Das **Long Beach Aquarium of the Pacific** (100 Aquarium Way, Tel. 562/590-31 00, www.aquarium ofpacific.org, tgl. 9–18 Uhr) mit riesigen Wassertanks und submarinen Glastunneln beherbergt fast 1000 Spezies der Unterwasserwelt.

TOP TIPP! Disneyland 27

Wunderbare Welt: Wer mit Kindern unterwegs ist, sollte einen Ausflug nach Anaheim, ins Disneyland (1313 Harbor Blvd., Tel. 714/781-45 65, www.disneyland.com, Mo–Fr 10–18 Uhr, Sa 9–24, So 9–22 Uhr, im Sommer länger) einplanen. Disneyland – Vorbild für viele Vergnügungsparks – wurde 1955 gegründet. *Walt Disney* wagte den Schritt und öffnete damals die Tore zu einem Vergnügungspark neuen Typs, einem **Themenpark**, der mehr sein sollte, als eine Aneinanderreihung von Achterbahnen und Karussells. Pro Tag strömen etwa 70 000 Menschen in das ›Königreich des Vergnügens‹, besuchen die verschiedenen **Fantasiewelten** *Tomorrowland, Fantasyland* oder *Frontierland*, sind zu Gast in Mickeys Heimatdorf *Toontown*, fahren in Booten zu den *Piraten der Karibik*, auf einer *Jungle Cruise* durch einen wilden Urwald oder mit einem Mississippi-Dampfer auf den *Rivers of America*. Selbst dem Bayern-König Ludwig II. ist mit einem *Märchenschloss* ein Denkmal gesetzt. Auch *Space Mountain,* in dessen Inneren eine Achterbahn rast, oder die Unterseebootfahrt zu Nemo, dem berühmten Clownfisch, begeistern.

Disney's California Adventure Park nebenan bietet weitere Achterbahnfahrten, außerdem kann man dort die plüschigen Stars aus der Monster AG treffen.

Knott's Berry Farm 28 (8039 Beach Blvd., Buena Park, Tel. 714/220-52 00, www. knotts.com, sommers tgl. 10–22 Uhr, sonst Mo–Fr 10–18, Sa 10–22, So 10–19 Uhr) im benachbarten **Buena Park** gehört zu den traditionellen kalifornischen Vergnügungen. Aus dem einstigen Verkaufsstand für Obst, den Walter Knott hier 1920 eröffnete, und der Hähnchenbraterei seiner Frau wurde mit den Jahren der zweitgrößte **Fun Park** Kaliforniens mit *Achterbahnen* und *Wildwasserkanälen*, einem *Dino-Animationspark* und einem Park, in dem *Charlie Brown* regiert. Szenen aus der *amerikanischen Geschichte*, vom Postkutschen-Überfall bis zum Goldrausch, runden das Angebot ab.

Die **Crystal Cathedral** 29 (Touren Mo– Sa 9–15.30 Uhr, Info-Tel. 714/9 71-40 00, www.crystalcathedral.org), die südöstl. von Disneyland in **Garden Grove** steht, zieht ebenfalls Tausende von Besuchern an. Der spektakuläre *Glaspalast* wurde von Philip Johnson errichtet, mehr als 10 000 silbrig glitzernde Fenster überziehen den riesigen Bau mit sternförmigem Grundriss. Reverend Robert Schuller, ein populärer *TV-Prediger*, hatte einen Großteil der Baukosten durch Spenden aufgebracht.

ℹ️ Praktische Hinweise

Information

Los Angeles Convention & Visitors Bureau, 333 S. Hope St., 18th Floor, Los Angeles, Tel. 323/624-73 00, Fax 323/624-97 46, www.seemyla.com

Downtown Visitor Center, 685 S. Figueroa St., Los Angeles, Tel. 213/689-88 22

Santa Monica Center, 1920 Main St., Suite B, Santa Monica, Tel. 310/393-75 93, www.santamonica.com

Anaheim Visitor Center, W. Katella 800, Anaheim, Tel. 714/765-88 88, Fax 714/991-89 63

Flughafen

Los Angeles International Airport (LAX), 1 World Way, Los Angeles, Tel. 310/646-52 52, www.lawa.org. Es gibt Shuttle-Busse zur Metro Rail (G Shuttle) und zum Bus Center (C Shuttle). **Infos** in den Terminals, Tel. 800/266-68 83 oder bei MTA (s. u.). SuperShuttle-Minibusse verkehren zu den großen City-Hotels, Tel. 323/775-66 00, www.supershuttle.com.

Öffentliche Verkehrsmittel

Metropolitan Transportation Authority (MTA), Tel. 213/6 26-44 55, www.mta.net

Mit 100 Sachen durch die Luft

Wer schwindelfrei ist, darf einen Abstecher zum Vergnügungspark **Six Flags Magic Mountain** machen, der an der I-5 etwa eine Autostunde nördl. von Los Angeles liegt. Im 80 ha großen Erlebnispark erwarten die Besucher zahlreiche Attraktionen, u. a. 17 **Achterbahnen** für besonders Nervenstarke: ›Colossus‹ ist die größte und schnellste Achterbahn der Welt aus Holz. ›Revolution‹ kommt bei ihrem Höllenritt auf immerhin 100 km/h und in ›Batman's Ride‹ dreht man fünf Loopings hintereinander. Außerdem werden in diesem Vergnügungspark **Wildwasserfahrten** angeboten, und die ganz Kleinen freuen sich über den **Streichelzoo** und die gemütlichen **Karussells**.

Six Flags Magic Mountain, 26101 Magic Mountain Pkwy., Valencia, Tel. 661/255-41 00, www.sixflags.com

Los Angeles ist eine Stadt der Autofahrer. Dennoch gibt es vier **U-Bahn-Linien** der Metro Rail. Die *Blue Line* verkehrt zwischen Downtown und Long Beach, die *Red Line* zwischen Union Station und San Fernando Valley, die *Green Line* zwischen Redondo Beach und Norwalk und die *Gold Line* zwischen Union Station und Pasadena. Die **Busse** von MTA fahren zwischen 5 Uhr morgens und 2 Uhr nachts etwa alle 15 Min. entlang der Hauptstraßen, zusätzlich gibt es Express-Busse und Nachtlinien. Die **Minibusse** von DASH steuern in Downtown alle wichtigen Punkte an. Broschüren und Fahrpläne gibt es an vielen Busterminals.

Stadtrundfahrten und Rundgänge

L. A. Conservancy, Tel. 213/623-24 89, www.laconservancy.org. Stadtrundgänge durch ethnische Viertel, zu geschichtlichen und kulturellen Sehenswürdigkeiten.

Segwow.com, Tel. 310/358-5900, www.segwow.com. Geführte Rundfahrten mit zweirädrigen Segwayrollern.

Starline Tours, Tel. 323/463-33 33, 800/959-31 31, www.starlinetours.com. Rundfahrten zu den Attraktionen von L. A. und auf den Spuren der Filmstars. Ab vielen Hotels.

Kultur live

Das Stadtmagazin ›*L. A. Weekly*‹ (www.laweekly.com) und die Sonntagsausgabe der ›*Los Angeles Times*‹ (www.calendarlive.com) geben den besten Überblick über aktuelle kulturelle Veranstaltungen.

Ticketmaster, Tel. 213/639-6100, 3701 Wilshire Blvd., www.ticketmaster.com. Kartenvorbestellung mit Kreditkarte.

Nachtleben

Los Angeles ist besonders für all diejenigen ein Mekka, die den neuesten Trends auf der Spur sind. Dies gilt auch fürs Nachtleben. Ein beliebtes Ziel für Nachtschwärmer sind *Bars* und *Kneipen* rund um die **Melrose Avenue**. Hier ist die Szene jung und schrill. In **Westwood Village** finden nicht nur Cineasten, sondern auch Kneipen-Freunde unzählige Unterhaltungsmöglichkeiten. In **Santa Monica** sollte man besonders die *Third Street* und *Main Street* aufsuchen, gute Lokale findet man auch rund um *Marina del Rey*.

Hotels

Luxusklasse

Bel Air, 701 Stone Canyon Rd., Bel Air, Tel. 310/472-12 11, Fax 310/476-58 90, www.hotelbelair.com. Elegantes Prominentenhotel in weitläufiger Parkanlage. Mit Fitnessclub.

SLS Los Angeles, 465 La Cienega Blvd., Beverly Hills, Tel. 310/247-04 00, Fax 310/247-03 15, www.starwood.com. Bis März 2008 wg. Renovierung geschl.

The Beverly Wilshire, 9500 Wilshire Blvd., Beverly Hills, Tel. 310/275-52 00, Fax 310/274-28 51, www.fourseasons.com. Hier verführte schon ›Pretty Woman‹ Julia Roberts ihren Prinzen Richard Gere. Im Restaurant des edlen Hotels sieht man gelegentlich Hollywood-Stars.

Obere Preisklasse

 **Avalon**, 9400 West Olympic Blvd., Beverly Hills, Tel. 310/277-52 21, Fax 310/277-49 28, www.avalonbeverlyhills.com. In der modernisierten und edel gestylten, bonbonfarbenen Hotelikone der 1950er-Jahre wohnte einst Marylin Monroe (Zi. 305). Das Restaurant *Blue on Blue* bietet modernste kalifornische Küche, diniert wird stimmungsvoll mit Blick auf den Pool.

Cal Mar Hotel Suites, 220 California Ave., Santa Monica, Tel. 310/395-55 55, Fax 310/451-11 11, www.calmarhotel.com. Gepflegte Mini-Apartments in netter Umgebung, zwei Blocks vom Pazifik entfernt.

Disneyland Hotel, 1150 Magic Way, Anaheim, Tel. 714/778-66 00, www.disneyland.com. Das offizielle Hotel des Vergnügungsparks bietet seinen Gästen einen früheren Einlass zu den Attraktionen.

Le Merigot, 1740 Ocean Ave/Pico Blvd., Santa Monica, Tel. 310/395-9700, www.lemerigothotel.com. Gepflegte Eleganz einen Block vom Strand, netter Pool, gutes Restaurant.

Shangri La, 1301 Ocean Ave., Santa Monica, Tel. 310/394-27 91, Fax 310/451-33 51, www.shangrila-hotel.com. Bis 2008 wg. Renovierung geschl. Alter Art-déco-Eleganz gegenüber von Santa Monica Beach. Beste Lage, Zimmer mit Balkon und Blick auf den Pazifik.

Mittelklasse

Best Western Marina Pacific Hotel, 1697 Pacific Ave, Santa Monica, Tel. 310/452-11 11, Fax 310/452-54 79, www.mphotel.com. Gute Lage, nicht weit von Venice Beach, Frühstück ist inklusive.

Casa Malibu, 22752 Pacific Coast Hwy., Malibu, Tel. 310/456-22 19, Fax 310/456-54 18. Strandhotel mit palmenbestandenem Innenhof am Billionaire's Beach. Das Frühstück ist inklusive. Das Hotel gehört mittlerweile Larry Ellison, dem millardenschweren Besitzer der Softwareschmiede Oracle. Nebenan baut er derzeit ein Luxusrestaurant.

Hollywood Roosevelt, 7000 Hollywood Blvd., Hollywood, Tel. 323/466-70 00, Fax 323/462-80 56, www.hollywoodroosevelt.com. Modernisiertes Traditionshotel, in dem die ersten Oscars verliehen wurden.

Magic Castle Hotel, 7025 Franklin Ave., Hollywood, Tel. 323/851-08 00, Fax 323/851-49 26, www.magiccastlehotel.com. Zentral und doch recht ruhig, kleiner Pool.

The Inn at Venice Beach, 327 Washington Blvd., Marina del Mar, Venice, Tel. 310/821-25 57, Fax 310/827-02 89, www.innatvenicebeach.com. Liebevoll eingerichtete Anlage, Frühstück gibt es im Innenhof mit seinem plätschernden Springbrunnen.

Venice Beach House, 15 30th Ave., Venice Beach, Tel. 310/823-19 66, Fax 310/823-18 42, www.venicebeachhouse.com. Freundliches Bed & Breakfast.

Günstige Preisklasse

Howard Johnson Hotel, 1380 S. Harbor Blvd., Anaheim, Tel. 714/776-61 20, Fax

Sonnige Strandgefühle sind nicht fern: Hotel Shangri La in Santa Monica

Aufgespielt: Blues in West Hollywood

714/533-3578, www.hojoanaheim.com. Gegenüber von Disneyland, im Stil der Postmoderne.

Travelodge at LAX, 5547 W. Century Blvd., Tel. 310/649-40 00, www.travelodgelax. com. Günstig, mit Pool und in Flughafennähe. Airportbus.

Restaurants

Border Grill, 1445 4th St., Santa Monica, Tel. 310/451-16 55. Köstliche mexikanische Spezialitäten.

Caffè Luna, 7463 Melrose Ave., West Hollywood, Tel. 323/655-86 47. ›In‹-Lokal, italienische Küche.

Canter's, 419 N. Fairfax Ave., West Hollywood, Tel. 323/651-20 30. Typisch jüdisches Deli, nachts mit schrägem Publikum. Rund um die Uhr geöffnet.

Chinois on Main, 2709 Main St., Santa Monica, Tel. 310/392-90 25. Exzellente kalifornische ›Pacific Rim Cuisine‹ mit fernöstlichem Touch.

Crustacean, 9646 Little Santa Monica Blvd., Beverly Hills, Tel. 310/205-89 90. Wunderbare Fischgerichte.

El Cholo, 1121 S. Western Ave., Hollywood, Tel. 323/734-27 73. Klassische mexikanische Küche mit scharfen Saucen.

Gladstone's, 17300 Pacific Coast Hwy., Malibu, Tel. 310/454 -34 74. Traditions-Fischlokal mit Strandplätzen und köstlichen Desserts.

Lucques, 8474 Melrose Ave., West Hollywood, Tel. 323/655-62 77. Moderne kalifornische Küche in altem Backsteinbau.

Pink's Hot Dogs, 709 N. La Brea Blvd., Hollywood. Hot Dogs und Chili Dogs seit 1939.

TOP TIPP **Spago**, 176 N. Canon Dr., Beverly Hills, L. A. Westside, Tel. 310/3 85-08 80. Szene-Lokal in L. A. Hierher kommen die Stars, um die feinste California Cuisine zu genießen.

Cafés und Bars

A.O.C., 8022 W. Third St., Hollywood, Tel. 323/653-63 59. Gemütliche Weinbar mit Dachterrasse und leckeren Snacks.

Highland Grounds, 742 N. Highland Ave., Hollywood, Tel. 323/466-15 07. Coole Café-Bar mit Musik.

TOP TIPP **Sidewalk Café**, 1401 Ocean Front Walk, Venice Beach, Tel. 310/399-55 47. Für ein spätes Frühstück ideal. Von hier aus kann man die Parade der Eitelkeiten und Skurrilitäten auf der Strandpromenade bestens beobachten.

32 Newport Beach
Huntington Beach

Baden, Surfen, Segeln – die Küste von Südkalifornien ist bekannt für Strandleben pur!

Noch in den 30er-Jahren des 20. Jh. konnten die Bewohner von Los Angeles mit den *Red Cars*, den Straßenbahnen der Pacific Electric Railway, in einer Stunde die Endstation **Balboa Pavilion** in Newport Beach erreichen. Der markante Kuppelbau wurde 1905 als Badehaus auf der Balboa-Halbinsel errichtet und beherbergt heute ein Restaurant und mehrere Geschäfte.

Die **Strände** von Newport Beach und Balboa Beach sind ausgesprochen beliebte Badeplätze der Bewohner des gesamten Orange County.

Balboa Island, eine künstliche Insel innerhalb der Bay, schmückt sich mit ausgesprochen schönen Villen und ist außerdem bekannt für die ›Balboa Bar‹ – einem leckeren, mit Schokoschicht überzogenen Vanilleeis-Riegel. In der Marina von Newport Beach dümpeln 9000 Sportboote.

Das **Orange County Museum of Art** (850 San Clemente Dr., Newport Beach, Tel. 949/759-11 22, www.ocma.net, Mi–So 11–17, Do 11–20 Uhr) zeigt eine interessante Sammlung zeitgenössischer kalifornischer Kunst.

Huntington Beach

Huntington Beach nördl. von Newport Beach gehört zu den besten *Surfrevieren* des Golden State. Das **International Surfing Museum** (411 Olive Ave., Tel. 714/960-34 83, www.surfingmuseum.org, sommers tgl. 12–17 Uhr, sonst Do–Mo 12–17 Uhr) dokumentiert die Geschichte des Wellenreitens. Bei den jährlich stattfindenden Meisterschaften der Surf-Profis werden immer wieder neue Kapitel dieser Historie geschrieben.

ℹ **Praktische Hinweise**

Information

Newport Beach Conference & Visitors Bureau, 110 Newport Center Dr., Suite 120, Newport Beach, Tel. 949/719-61 00, Fax 949/719-61 01, www.visitnewportbeach.com

Hotel

Hyatt Regency Huntington Beach, 21500 Pacific Coast Hwy., Huntington Beach, Tel 714/698-12 34, Fax 714/845-46 20, www.huntingtonbeach.hyatt.com. Gepflegte Anlage mit direktem Strandzugang. Obere Preisklasse.

Restaurants

Oysters, 2515 E. Coast Hwy., Corona del Mar, Tel. 949/675-74 11. Kalifornisch-asiatische Pacific Rim Cuisine.

The Cannery, 3010 Lafayette Rd., Tel. 949/566-00 60. In der ehem. Konservenfabrik gibt es heute frischen Fisch.

33 Laguna Beach

Künstlerort mit entspanntem Strandleben.

Laguna Beach ist für sein Strandleben berühmt: Mehrere schöne Buchten werden von der felsigen Steilküste eingerahmt. Von der Terrasse des Restaurants *Las Brisas* hat man einen wunderschönen Blick auf die sichelförmige Hauptbucht, an der sich der kleine Ort in die Hänge schmiegt. Schon seit den 1920er-Jahren ist Laguna Beach als *Künstlerkolonie* bekannt.

Rund um den **Cliff Drive** findet man hübsche Cafés und nette Läden. In den Kunstgalerien sind meist Arbeiten ortsansässiger Maler und Bildhauer ausgestellt. Das kleine **Laguna Art Museum** (307 Cliff Dr., Tel. 949/494-89 71, www.lagunaartmuseum.org, tgl. 11–17 Uhr) präsentiert eine Ausstellung kalifornischer Künstler. Zwar gibt es keine Stars der Malerei zu sehen, aber doch einen guten Überblick über das Kunstschaffen seit dem 19. Jh.

Der Höhepunkt der Saison ist das viel besuchte **Festival of Arts & Pageant of the Masters** im Juli und August. Im Rahmen dieses Events werden berühmte Gemälde von Darstellern in originalgetreuen Kostümen als *lebende Bilder* nachgestellt.

Durch die rosarote Brille gesehen: Traumstrand in Laguna Beach

ℹ Praktische Hinweise

Information

Laguna Beach Visitors Center,
252 Broadway, Laguna Beach, Tel. 949/
497-92 29, www.lagunabeachinfo.org

Hotel

Surf and Sand Resort, 1555 S. Coast Hwy.,
Laguna Beach, Tel. 949/497-44 77, Fax
949/494-76 53, www.surfandsandresort.
com. Elegantes Strandhotel. Das ange-
schlossene Restaurant *Splashes* bietet
köstliche kalifornische und mediterrane
Küche. Luxusklasse.

Restaurant

Las Brisas, 361 Cliff Dr., Laguna Beach,
Tel. 949/497-54 34. Leckere kalifornische
und mexikanische Snacks und Gerichte,
herrlicher Blick auf die Strandbucht von
Laguna Beach.

34 Santa Catalina Island

*Kaugummis, ein Kasino und
eine naturbelassene Insel ohne
Autoverkehr.*

*Mediterranes Landschaftsbild – die male-
rische Küste von Santa Catalina Island
erinnert an Italien*

Ein beliebtes Ausflugsziel der Angelinos
ist die hübsche Insel Santa Catalina, die
rund 30 km vor der Küste von Los Angeles liegt. Auch *William Wrigley Jr.*, Spross
der Kaugummi-Dynastie aus Chicago,
hatte sich in das Eiland verguckt. 1919
kaufte er es kurzerhand und ließ an der
Mole ein Kasino eröffnen. Ein Teil der er-
wirtschaften Gewinne mit dessen Betrieb, floss einer Stiftung, der *Santa Catalina Conservancy* zu. Ihr gehören heute
fast 90 % des Eilands.

In dem prächtigen Art-déco-Rundbau
in der Inselhauptstadt **Avalon** werden
heute Filme gezeigt und Veranstaltungen
abgehalten. Das kleine, im Casino unter-
gebrachte **Catalina Island Museum** (Tel.
310/510-24 14, www.catalinamuseum.org,
Jan.–März Fr–Mi 10–16 Uhr, Apr.–Dez. tgl.
10–16 Uhr) erläutert die Geschichte der Insel als Siedlungsstätte der Gabrieleño Indianer, als Stützpunkt der russischen
Pelztierjäger und als Schlupfwinkel für
Seeräuber und Schmuggler.

Außerhalb von Avalon mit seinen
Wohnvierteln, Hotels und Restaurants
geht es auf der Insel autofrei und eher
ländlich zu. Die Prärien, Schluchten und
versteckten Buchten lassen sich auf *Wanderwegen*, im Rahmen eines Reitausflu-
ges, per Boots- oder Bustour erkunden.
Auf Catalina lebt eine Herde wilder Bisons. Eine besondere Attraktion der Insel
ist die mannigfaltige *Unterwasserwelt*
des Pazifik. Der Reichtum an Fischen und
Pflanzen zieht zahlreiche Taucher und
Schnorchler an.

ℹ Praktische Hinweise

Information

Catalina Island Chamber of Commerce,
1 Green Pleasure Pier, Avalon, Tel. 310/
510-15 20, www.visitcatalinaisland.com

Fähre

Catalina Express, Tel. 310/519-12 12,
www.catalinaexpress.com. Schiffsverbin-
dung von San Pedro und Long Beach.

Hotel

Hotel Villa Portofino, 111 Crescent Ave.,
Avalon, Tel. 310/510-0555, www.hotelvilla
portofino.com. Zimmer mit Blick auf
die Bucht, dazu eine Bar auf der Dachterrasse. Mittlere Preisklasse.

Restaurant

Armstrong's, 306 Crescent Ave., Avalon,
Tel. 310/510-01 13. Frischer Fisch vom Grill,
direkt an der Avalon Bay.

Wüsten und Oasen in Südkalifornien – manche mögen's heiß

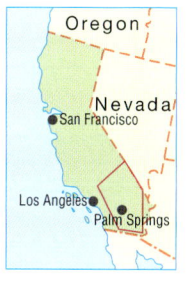

Der Besuch der großen **Wüstengebiete** in Südkalifornien gehört zu den landschaftlich eindrucksvollsten Erlebnissen einer Reise durch den *Golden State*. Grandiose Bergketten, einstige – längst ausgetrocknete – Binnenmeere, riesige Sanddünen, bizarr erodierte Hügelketten, saftig grüne Palmen- und Kakteenwälder sowie beschauliche **Oasen** bilden ein abwechslungsreiches Panorama. Erstaunlich viele Pflanzen und Tiere haben sich an die extremen Lebensbedingungen in diesem Teil Kaliforniens angepasst. Auch Menschen leben in der Wüste, in kleinen **Siedlungen**, im Schutz der Oasen. Bewässerungs- und Klimaanlagen erleichtern das Dasein. Allenthalben trifft man in der Region außerdem auf Zeugnisse altindianischer Kulturen, die lange vor der Ankunft der Siedler entstanden.

35 Mojave Desert

Sanddünen, Granitfelsen, Geisterstädte und eine vielfältige Flora und Fauna.

Lancaster – Barstow – Calico – Red Rock Canyon State Park – Rand Mining District – Mojave Desert National Preserve

Beim **Antelope Valley** wird ein großer Teil des westl. Zipfels der Mojave-Wüste vom 1200 km² großen Luftwaffenstützpunkt **Edwards Air Force Base** eingenommen. In der *Dryden Flight Research Facility* (Anmeldunge zu öffentl. Führungen mind. 30 Tage im voraus unter Tel. 661/277-35 17, 661/276-34 46) der US-Weltraumbehörde NASA wurden das legendäre Raketenflugzeug X-15 und andere Experimentalflugzeuge getestet. Hier landen *Raumfähren*, die von ihrer Mission im Weltall heimkehren.

Lancaster

Eindrücke ganz anderer Art bieten sich am südwestl. Rand des Antelope Valley. Nach den lebensspendenden Niederschlägen des Winters öffnen sich zwischen März und Mai die zarten Blüten des Goldmohns *California Poppy*. Wie ein goldener Teppich bedecken die ›Staatsblumen‹ von Kalifornien Hügel und Hänge

◁ *Auf die Spitze getrieben: Zabriskie Point im Tal des Todes*

nördl. der Sierra Pelona. Knapp 7 km² der Naturlandschaft sind als **Antelope Valley California Poppy Reserve** (Visitor Center, 15101 W. Lancaster Blvd., Lancaster, Tel. 661/724-11 80: Info über den Stand der Mohnblüte; Mitte März–Ende April Mo–Fr 10–16, Sa/So 9–17 Uhr) besonders geschützt.

Barstow – Calico

Die Kleinstadt **Barstow** inmitten der Mojave Desert ist ein Verkehrsknotenpunkt von Interstate Highways sowie Versorgungsbasis in der Wüste. Schönstes Gebäude der Stadt ist Harvey House, das einstige Bahnhofshotel der Southern Pacific Railroad von 1911. In seinem Inneren ist eine kleine Eisenbahnausssstellung zu sehen. Ende des 19. Jh. wurden in der Umgebung noch eifrig Schächte in die Erde getrieben, *Gold, Silber* und später *Borax* gefördert. Das **Desert Discovery Center** (831 Barstow Rd., Tel. 760/252-60 60, Di–Sa 11–16 Uhr) bietet interessante Informationen über die kalifornische Wüste.

Nordöstl. von Barstow liegt **Calico**, einst Minenort mit 4000 Einwohnern, heute als Geisterstadt mindestens ebenso erfolgreich. In der herausgeputzten *Ghost town* sieht man sorgfältig errichtete, windschiefe Häuschen, erlebt man einen mittäglichen *Shoot-Out* auf der Main Street, kann man an einer nostalgischen Eisenbahnfahrt mit der *Calico Odessa Railroad* und an einer Minenbesichtigung teilnehmen.

🔺 TOP TIPP Red Rock Canyon State Park

Sonne, Wasser und Wind haben den roten, braunen und weißen **Sandstein** der *El Paso Range* im Red Rock Canyon State Park zu spektakulären Naturformen erodieren lassen, wie man sie sonst nur in den Nationalparks von Arizona und Utah bestaunen kann. So manchem mögen die abenteuerlichen Türme, Furchen und Zinnen vertraut vorkommen, denn die großartige Landschaft hat schon in vielen *Hollywood-Western* eine wichtige Rolle gespielt. *Felszeichnungen* belegen, dass Indianer die Region schon vor vielen tausend Jahren besiedelten.

Rand Mining District

Gold, Silber und Wolfram lagerten lange unentdeckt in der Erde. Als jedoch drei Prospektoren 1895 Gold fanden und die Minengesellschaft **Yellow Aster** gründeten, strömten wenig später 4000 Goldsucher und Glücksritter herbei. Ihre Siedlung nannten sie hoffnungsvoll *Randsburg* – nach einem der ergiebigsten Goldfördergebiete in Südafrika.

Auf der Weiterfahrt nach Johannesburg und Ridgecrest sieht man zahlreiche Geisterstädte, stillgelegte Minen und verlassene Wohnhäuser. Nahe der Wüstenstadt **Ridgecrest**, nördl. von Randsburg, befindet sich das *China Lake Naval Weapons Center*, ein riesiges Gelände, über dem Kampfflugzeuge der US-Marine den Einsatz ihrer Bordwaffen erproben. Zu festen Terminen – in Übungspausen – veranstaltet das **Maturango Museum** (100 E. Las Flores Blvd./China Lake Blvd., Ridgecrest, Tel. 760/375-69 00, www. maturango.org, tgl. 10–17 Uhr, z. Zt. nur für US-Bürger) Ausflüge in das militärische Sperrgebiet – zu den schönsten Felsmalereien und Felszeichnungen der indianischen Ureinwohner, die im Südwesten der USA zu finden sind.

Mojave Desert National Preserve

Diese ›Perle‹ der riesigen Mojave-Wüste ist 1994 in den Rang eines Nationalen Naturreservates erhoben worden. Hier gibt es *Natur pur* ohne Hotels und Restaurants. Durch die Landschaft mit bis zu 2400 m hohen Gebirgsketten, Vulkandomen, endlos scheinenden Sandwüsten, Kakteen- und einigen Nadelwäldern führen nur wenige asphaltierte Straßen. Die bis zu 200 m hohen **Kelso Dunes** sind mit einer Fläche von 116 km^2 das ausgedehnteste Dünengebiet im Südwesten der USA. Je nach Windstärke hört man hier ein rhythmisches oder singendes Geräusch, das durch den Sand verursacht wird, der die Flanken der Dünen herunterweht. Wer eine Abkühlung benötigt, sollte die **Mitchell Caverns**, ein weitverzweigtes Höhlensystem in den Providence Mountains östl. der Dünenfelder, besichtigen. Es ist in Zeiten entstanden, als es in diesem Gebiet noch häufiger regnete. In den Höhlen herrschen im Sommer wie im Winter konstante 19 °C.

Der **Cima Dome** ist bei Naturfreunden und Kletterern gleichermaßen beliebt. Das gewaltige *Granitmassiv* vulkanischen Ursprungs erhebt sich auf einer Grundfläche von 194 km^2.

Am besten erkundet man die Wüste zwischen Oktober und April, wenn die Temperaturen angenehm sind. Im Sommer hingegen klettert das Thermometer nicht selten auf über 40 °C. Doch erstaunlich viele **Tiere** und **Pflanzen** haben sich an die extremen Temperaturen angepasst.

Road-Movie in der Einsamkeit: Truck auf dem Highway # 127 im Death Valley

In voller Blüte: auch in den kalifornischen Wüsten gedeihen manche Pflanzen prächtig

Neben den vielen *Kakteenarten*, die in der Lage sind, Wasser für trockene Zeiten zu speichern, gibt es Pflanzen, die in eine Art Sommerschlaf verfallen und wieder andere, die ihre Blätter zusammenrollen, um den Feuchtigkeitsverlust zu minimieren. Die *Kreosot-Büsche* wiederum vertreiben mit ihren giftigen Wurzeln Konkurrenten um das kostbare Nass. Angepasst haben sich auch die Tiere: Kaltblüter wie *Eidechsen* wechseln regelmäßig zwischen Sonne und Schatten, um ihre Körpertemperatur zu regulieren. *Kängururatten* müssen überhaupt nicht trinken. Sie können in ihrem Körper die Feuchtigkeit der Atemluft in Verbindung mit Pflanzensamen zu Wasser umwandeln. Wer Tiere beobachten möchte, sollte ein Fernglas dabei haben und sich mit etwas Geduld wappnen. Wer Glück hat, sieht in den Bergen *Dickhornschafe* herumkraxeln. Zeit zum Beobachten lässt die *Wüstenschildkröte*, die vor allem im Frühjahr genüsslich an frischen Gräsern knabbert, denn sie kann nicht allzu schnell entfleuchen.

ℹ Praktische Hinweise

Information

Mojave National Preserve,
Kelso Depot Information Center,

Kelbaker Rd./Kelso-Cima Rd.,
Tel. 760/733-44 56, www.nps.gov/moja –
Ridgecrest Chamber of Commerce,
128 B California Ave., Ridgecrest,
Tel. 760/375-83 31, Fax 760/375-03 65,
www.ridgecrestchamber.com

Hotel

The Cottage Hotel, 130 Butte Ave.,
Randsburg, Tel. 760/374-22 85, Fax
760/374-21 32, www.randsburg.com.
Historischer Gasthof mit vier B & B-
Zimmern und einem Cottage im alten
Minendistrikt. Mittlere Preisklasse.

36 Death Valley National Park

Magisches Tal voller Extreme.

Der Name Tal des Todes hört sich naturgemäß nicht gerade einladend an. Trotzdem ist die heiße Wüste, welche die Indianer *Tomesha*, ›Brennendes Land‹, tauften, heute besonders zwischen November und Mai ein vielbesuchtes Reiseziel. Das 1994 zum Nationalpark erklärte Gebiet umfasst mehr als 13 000 km². Seinen berühmt-berüchtigten Namen verdankt das Tal den *Goldsuchern*, die Mitte des

19. Jh. auf der Suche nach einer Abkürzung zu den Minen westl. der Sierra Nevada die Wüste zu durchqueren versuchten. Doch auf dem Weg gingen ihnen bald die Wasservorräte aus und sie gingen elendig zugrunde. Heute führen Straßen über die 230 km breite Ebene, die von bis zu 3000 m hohen Bergen gerahmt wird. Und die Reisenden unserer Tage werden in klimatisierten Restaurants und Hotels mit Pool versorgt. Das beeindruckende Landschaftspanorama allerdings hat sich seit jenen Goldsuchertagen nicht verändert.

In einer schneeweißen Salzebene bei **Badwater** findet man den *tiefsten* (86 m unter dem Meeresspiegel) und *heißesten Punkt* (max. 56,7 °C) der USA. Nur wenig weiter nördl. lohnt die etwa 15 km lange Rundfahrt entlang des **Artist's Drive**: Staub von längst erloschenen Vulkanen hat im Zusammenspiel mit dem in der Tiefe aufgeheizten Grundwasser das Gestein ausgelaugt und die Landschaft prächtig eingefärbt. Das Eisenerz ist für die roten, rosanen und gelben Farbtöne verantwortlich, Mangan für die Farbe Purpur; Glimmer und Kupfer schufen die verschiedenen Grünabstufungen. Nicht umsonst heißt die bunte Bilderbuchlandschaft hier *Artist's Palette* – die ›Palette des Künstlers‹. Die Natur zeigt auch im nordwestl. gelegenen **Mosaic Canyon** ihre Meisterschaft: Hier werden kunstvolle – von Mutter Natur geschaffene – *Einlegearbeiten* von verschiedenfarbigen Steinfragmenten in gelbgrauem Sandsteinuntergrund präsentiert.

Oben: *Ideales Terrain für Wüstenfüchse: weiter Blick über das magische Tal des Todes*
Unten: *Ohne Hotel-Oasen wie das Furnace Creek Inn läuft hier nichts!*

Fährt man auf der SR 190 weiter, sieht man die weißlich-gelben *Quarzsanddünen* hinter der Oase von **Stovepipe Wells**. Sie erstrecken sich auf einer Fläche von 36 km² und werden vom Wind zu immer neuen Formen modelliert.

Im Norden des Tales taucht dann wie eine Fata Morgana **Scotty's Castle** (Tel. 760/786-23 92, tgl. 7–18 Uhr, Führungen 9–17 Uhr) auf. Die in spanisch-mexikanischem Stil in den 1920er-Jahren erbaute Hacienda hat ›Death Valley Scotty‹ zwar nie gehört, verantwortlich für ihre Entstehung ist er indes schon. Scotty, der muntere Geschichtenerzähler, Ex-Cowboy, Goldsucher und Darsteller in Buffalo Bills ›Wildwest Show‹ erzählte das Märchen von einer verstecken Goldmine im Death Valley so lange und so oft, bis schließlich der Versicherungsmagnat Albert Johnson aus Chicago, der ohnehin

ein Refugium zur Linderung seiner Asthma-Erkrankung suchte, die Traumvilla in der Wüste in Auftrag gab.

In der Nähe strahlt der **Ubehebe Krater**, der vor einigen tausend Jahren explodierte, eine bedrohliche Atmosphäre aus.

Im Death Valley wurde um 1900 *Borax* abgebaut, das zur Herstellung von Kosmetika, Kunstdünger und Keramik Verwendung findet. Fördergeräte und alte Gespanne, die bei den Ruinen der **Harmony Borax Mine** ausgestellt sind, stammen aus dieser Zeit.

Im *Visitor Center* (s. u.) von **Furnace Creek**, einer großen Oase inmitten der Wüste, wird die spannende Erd-, Natur- und Kulturgeschichte des magischen Death Valley erzählt. Hier erfährt man auch einiges über die einzigartige *Tierwelt*, die sich an die Lebensbedingungen der sommerlichen Gluthölle angepasst hat.

Zwei Aussichtspunkte sollte man keinesfalls auslassen: Vom **Zabriskie Point**, südöstl. vom Visitor Center, sieht man über die braunen, grauen und gelben, erodierten Furchen und ausgewaschenen Hügelketten, die das Death Valley weltberühmt gemacht haben. Und vom weiter südl. gelegenen, 1664 m hohen Aussichtspunkt **Dante's View** bietet sich ein herrliches Panorama. Von hier kann man das Todestal in seiner gesamten Länge überblicken. Besonders schön ist die Aussicht am Morgen!

TOP TIPP

ℹ Praktische Hinweise

Information

Furnace Creek Visitor Center, Hwy. 190, Tel. 760/786-32 00, www.nps.gov/deva

Hotels

TOP TIPP

Furnace Creek Inn & Ranch Resort, Hwy. 190, Tel. 760/786-23 45, Fax 760/786-25 14, www.furnacecreekresort.com. Elegante Resortanlage mit Pool, Tennisplätzen, Golfplatz und Reitstall. Luxusklasse. Die benachbarte *Furnace Creek Ranch* (gleiche Tel.) ist einfacher und günstiger im Preis.

Stovepipe Wells Village, Hwy. 190, Tel. 760/786-23 87, Fax 760/786-23 89, www.stovepipewells.com. Einfache Zimmer. Pool mit Thermalwasser. Mittlere Preisklasse.

37 Palm Springs

Die Wüste lebt: Spielwiese der Reichen und Berühmten.

Die Hollywood-Schauspieler Ralph Bellamy und Charlie Farrel gründeten 1931 den *Palm Springs Racket Club* und begannen, ihr Clubhotel geschickt zu vermarkten. An alles hatten die beiden gedacht. Vom fernen Colorado wurde ausreichend Wasser herbeigeschafft – das karge Land blühte auf, Pools wurden ebenso angelegt wie Golfplätze. Und der Ort, der ein angenehm warmes, trockenes Wüstenklima aufweisen kann, begann als **Winterrefugium** der Reichen und Berühmten aus dem 2,5 Autostunden entfernten Los Angeles zu boomen. Längst sind es nicht mehr nur Ältere, die in dieser künstlich ausgebauten Oase ihr *Dolce vita* genießen: Auch junge Angelenos haben Palm Springs zum bevorzugten Wochenenddomizil erkoren. Die eleganten Villen hier und in den Nachbarorten – auch als *Desert Communities* bekannt – sind meist nur wenige Wochen im Jahr bewohnt, ansonsten werden sie von mexikanischem Hauspersonal in Ordnung gehalten. Die Anwesen sind gerahmt von Hecken und durch Mauern von der Außenwelt abgeschirmt.

Für Reisende stehen luxuriöse Clubhotels bereit, die keine Wünsche offen lassen. Hinzu kommen mondäne Geschäfte, die exklusiven Einkaufspassagen in Paris oder Mailand in nichts nachstehen, elegante Restaurants, die auch verwöhnte Gourmets begeistern, 100 Golfplätze und 10 000 Pools, ein Spielkasino, Theater und Museen. Zu den Themenbereichen des vielseitigen **Palm Springs Art Museum** (101 Museum Dr., Tel. 760/325-01 89, www.psmuseum.org, Di/Mi, Fr–So 10–17, Do 12–20 Uhr, sommers Di geschl.) gehören die Kunst der Indianer und die der Gegenwart. Den Pflanzen und Tieren sind **Living Desert Zoo and Gardens** (47–900 Portola Ave., Palm Desert, Tel. 760/346-56 94, www.livingdesert.org, Sept.–Mitte Juni tgl. 9–17 Uhr, sonst tgl. 8–13.30 Uhr) gewidmet.

Wem es unten im Ort zu heiß wird, der kann mit der Seilbahn **Aerial Tramway** in kühlere Regionen bis zum 2600 m hohen, bewaldeten **San Jacinto State Park** hinauffahren. Auf dem Mount San Jacinto ist es manchmal bis zu 20 °C kühler als im Tal. Im Sommer locken die schönen Bergwälder mit herrlichen *Wanderwegen*, im Winter kann man auf *Langlaufskiern* wunderbar die Natur genießen.

Wer eine Erfrischung im Tal sucht, kann die wasserreichen Canyons im Reservat der Agua Caliente Indianer am Fuße der San Jacinto Mountains besuchen. Ein *Wanderweg* im 24 km langen, von wuchtigen Felsen gerahmten **Palm Canyon** führt vom Indian Trading Post, in dem Souvenirs, Kunsthandwerk und Schmuck angeboten werden, zu schattigen Wäldchen mit alten Washingtonia-Palmen, die idyllisch von einem Bach durchzogen werden.

TOP TIPP

ℹ Praktische Hinweise

Information
Palm Springs Desert Resorts Convention & Visitors Bureau, 70–100 Hwy. 111, Rancho Mirage, Tel. 760/770-90 00, Fax 760/770-90 01, www.palmspringsusa.com

Einkaufen
Desert Hills Factory Outlets, 48650 Seminole Rd., Cabazon (nordwestl. von Palm Springs), Tel. 909/849-50 18. Eine Einkaufs-Oase mitten in der Wüste. Marken wie Nike, Tommy Hilfiger und Max Mara mit Rabatt.

Da gibt's nichts zu meckern: Luxushotel in der edlen Wüstenoase Palm Springs

Hotels

Marriott's Desert Springs Resort and Spa, 74855 Country Club Dr., Palm Desert, Tel. 760/341-2211, Fax 760/341-1872, www.desertspringsresort.com. Spektakuläre Anlage mit zwei Golfplätzen. Mit Wasserfall in der Lobby sowie Kanälen und Lagunen, die die gesamte Anlage durchziehen. Wer an die Rezeption will, kann mit dem Boot vorfahren. Luxusklasse.

Movie Colony Hotel, 726 N Indian Canyon Dr., Palm Springs, Tel. 760/320-6340, www.moviecolonyhotel.com. Häuschen und Apartments um einen Pool. Mittleres Preisniveau

Restaurants

Las Casuelas Terraza, 222 S. Palm Canyon Dr., Palm Springs, Tel. 760/325-2794. Mexikanische Küche und interessante Cocktails. Günstiges bis mittleres Preisniveau.

Le Vallauris, 385 W. Tahquitz Canyon Way, Palm Springs, Tel. 760/325-5059. Exzellente kalifornisch-französische Küche.

Louise's Pantry, 44491 Town Center Way, Palm Desert, Tel. 760/346-9320. Altmodischer Diner aus den 1950ern, immer noch sehr beliebt zum Frühstück und Lunch.

38 Joshua Tree National Park

Prophetische Bäume und ein Mekka für Freeclimber.

Josua, Nachfolger von Moses und erster Hohepriester Israels, wies seinem Volk den Weg ins Gelobte Land. Als Mitte des 19. Jh. Mormonen durch Kalifornien zogen, sahen sie auch die bis zu 12 m hohen *Yucca-Bäume*. Die kahlen Stämme mit ihren verzweigten Ästen erinnerten sie an die gen Himmel ausgestreckten Arme von Josua, und so benannten sie das imposante Gewächs nach der biblischen Gestalt. **Joshua Trees** wachsen vorwiegend im bergigen, bis zu 1700 m hoch gelegenen westlichen Teil des 1994 zum Nationalpark erhobenen Schutzgebietes. Im tiefer liegenden Ostteil des 2200 km² großen Parks, der bereits zum *Sonora Desert* zählt, bestimmen *Kreosot-Büsche* und die mit unangenehmen Stacheln ausgestatteten *Feigen-Kakteen* das Landschaftsbild. Besonders schöne Pflanzen

Auf die Fächerpalme gebracht: Wanderer sind im Palm Canyon am richtigen Ort

sind auch die *Cholla-Kakteen* mit ihren nadelspitzen Stacheln.

Wie in den anderen Wüstenregionen von Kalifornien meiden die meisten Tiere die Hitze des Tages und werden erst aktiv, nachdem die Sonne untergegangen ist. Wer Glück hat, sieht Kojoten, Luchse, Wüstenschildkröten oder Pumas.

Gipfelstürmer aus aller Welt haben die gewaltigen rosaroten Granitfelsen der *Jumbo Rocks*, von *White Tank*, von *Hidden Valley* und dem *Wonderland of Rocks* als **Kletterparadiese** entdeckt. Aber auch Wanderfreunde werden im Nationalpark ihre Freude haben.

Biblisches Format: Joshua Trees im gleichnamigen Nationalpark

ℹ️ Praktische Hinweise

Information

Joshua Tree National Park, Oasis of Mara, Twentynine Palms, Tel. 760/367-55 00, Fax 760/367-63 92, www.nps.gov/jotr

Hotels und Restaurants

Im Nationalpark selbst gibt es keine Hotels und Restaurants, dafür aber einige Campingplätze. An der SR 62, die den Park im Norden begrenzt und an der I-10 im Süden des Parks findet man Motels und Restaurants.

39 Anza Borrego Desert State Park

Blütenmeer von kurzer Dauer und steinerne Irrgärten.

Drei Straßen führen quer durch den mit einer Fläche von 2500 km² größten State Park von Kalifornien. Sie führen durch scheinbar öde Felslandschaften mit engen Canyons und schier unendlich weiten, steinigen Ebenen. Man kommt vorbei an alpinen Wäldern und Seen, an Stein- und Sandwüsten. Außerdem durchquert man Savannen und die farbenprächtig erodierten *Badlands*, steinerne Irrgärten der Natur. Nur in den versteckten **Oasen** sieht man Grün, darunter kalifornische Fächerpalmen. Doch im März und April, nach einem der seltenen, die Natur erfrischenden Regen, verwandelt die Landschaft ihr Gesicht: Vielfarbige **Wüstenblumen**, deren Triebe monatelang in einem Schlummerzustand verbracht haben, legen sich in kurzer Zeit wie ein bunter Teppich über den Wüstenboden. Die *Ocotillo-Kakteen* beginnen ebenfalls auszuschlagen, ihre langen Triebe sind bald reich mit roten Blütenbüscheln geschmückt. *Kreosot-Büsche* treiben leuchtend gelbe Blüten. Im Sommer dann scheint das Land unter der glühenden Hitze wie ausgestorben. Doch selbst dann zeigen Pflanzen und Tiere erstaunliche Anpassungs- und Überlebensfähigkeiten.

50 Mio. Jahre alte *Versteinerungen* von Muscheln und Korallen des **Fossil Canyon** im Süden des Parks sowie ›nur‹ 2 Mio. Jahre alte Fossilien von Kamel-, Lama-, Zebra- und Mastodonknochen dokumentieren die großen Veränderungen in Klima, Vegetation und Fauna, die den Süden Kaliforniens im Verlauf der Jahrmillionen immer wieder entscheidend geprägt haben.

Wunder der Erde – im Frühjahr grünt es im Anza Borrego Desert State Park

ℹ️ Praktische Hinweise

Information

Anza Borrego Desert State Park Visitor Center, 200 Palm Canyon Dr., Borrego Springs, Tel. 760/767-53 11, www.anzaborrego.statepark.org. Wildflower Hotline, Tel. 760/767-46 84. Hier kann man Infos über die Blütezeit der Wüstenpflanzen erhalten.

Hotels

La Casa del Zorro, 3845 Yaqui Pass Rd., Borrego Springs, Tel. 760/767-53 23, Fax 760/767-59 63, www.lacasadelzorro.com. Angenehmes Ferienhotel im mexikanisch-maurischen Stil mit Palmen, Pool und elegantem Restaurant. Obere Preisklasse.

Palm Canyon Resort, 221 Palm Canyon Dr., Borrego Springs, Tel. 760/767-53 41, Fax 760/767-40 73, www.pcresort.com. Gemütlich-legere Anlage, ordentliches Restaurant.

San Diego und Umgebung – wo die Sonne am längsten lacht

Eine Stadt, in die man sich schnell verlieben kann: **San Diego**, die zweitgrößte Stadt Kaliforniens, strahlt Charme, Gelassenheit und Ferienstimmung aus. Dazu tragen die schönen Strände am Pazifik, 300 Sonnentage pro Jahr, Parks, Theater, Freizeit- und Sporteinrichtungen bei. All dies gehört zum Image der entspannten, unbekümmerten Metropole am Pazifik, die sich auch *Sun Diego* nennt. Hier sieht man sonnengebräunte Surfer, Inline-Skater, Biker und hübsche California Girls in knappen Bikinis.

Im Norden von San Diego erstreckt sich eine Kette von **Seebädern**, im Osten sind bald die bewaldeten **Berge** der Laguna und Santa Rosa Mountains erreicht. Und wer **Tijuana**, die mexikanische Stadt gleich südlich der Landesgrenze, besuchen will, braucht in San Diego nur die Straßenbahn zu besteigen!

40 San Diego

Die erste Missionsstation der spanischen Padres ist heute schicke Trendstadt.

Eigentlich ist San Diego (1,2 Mio. Einw., Großraum 2,4 Mio.) noch nicht sehr alt. Zwar hatte der Seefahrer *Juan Rodríguez Cabrillo* 1542 als erster Weißer einen Fuß auf den Boden des heutigen Kalifornien gesetzt, doch schien den ›Eroberern‹ das Land nicht interessant genug. Es sollten noch mehr als 200 Jahre vergehen, bis die Spanier ernsthaft daran dachten, das Terrain nördl. ihrer Kolonie Mexiko militärisch zu sichern und zu besiedeln. Vor allem das Vordringen russischer Pelzjäger aus dem Norden und die englische Dominanz in Nordamerika erschienen den Spaniern so bedrohlich, dass sie schließlich eine Kette von Missionsstationen und *Presidios*, befestigten Militärforts, entlang der kalifornischen Küste bis nach San Francisco errichteten.

Old Town ❶

Der Anfang wurde 1769 mit dem Presidio und der Kirche gemacht, die südl. des *San Diego River* erbaut wurden. Im **Presidio Park**, der heute nach Norden von der I-8 begrenzt wird, lassen sich noch die Ruinen des einstigen Forts ausmachen.

Das **Serra Museum** (2727 Presidio Dr., Tel. 619/297-3258, www.sandiegohistory.org, Mo–Fr 11–15, Sa/So 10–16.30 Uhr) im Park ist im Stil spanischer Kolonialarchitektur erbaut. Es erinnert an Leben und Werk des Franziskanerpaters Junípero Serra, dem Begründer der kalifornischen Missionen.

An den Park schließt sich in südl. Richtung der **Old Town San Diego State Historic Park** (Tel. 619/220-5422, www.parks.ca.gov, tgl. 10–17 Uhr) an. Man sieht dort im Originalzustand erhaltene *Adobe-Bauten*, die einen Eindruck davon geben, wie das frühe San Diego aussah. Einige Häuser sind sogar originalgetreu eingerichtet und in *Museen* umgewandelt worden, in anderen Gebäuden be-

Mondsüchtig und mondän: San Diegos Skyline

finden sich Geschäfte und mexikanische Restaurants. Vor allem die hübsche *Casa de Estudillo* (4001 Mason St., tgl. 10–17 Uhr) aus dem Jahr 1829 lohnt einen Besuch

Etwa 8 km östlich erreicht man auf der I-8 die **Mission Basilica San Diego de Alcala** (10818 San Diego Mission Rd., Mission Valley, Tel. 619/281-84 49, www.missionsandiego.com, tgl. 9–16.45 Uhr, Tourreservierung: Tel. 858/565-90 77, sehr frühe Reservierung wird empfohlen) Hierher verlegten die Spanier 1773 ihr erstes Presidio, weil der Boden am ersten Siedlungsort (s. o.) sich als zu schlecht erwiesen hatte.

Downtown ❷

Nachdem die *Santa Fe Railroad* 1885 die Stadt erreicht und diese so mit den Metropolen des amerikanischen Ostens verbunden hatte, verlagerte sich das Zentrum von San Diego nach Süden, an die Bay mit ihrem natürlichen *Hafen*. Das kleine **Gaslamp Quarter** im Stadtzentrum, einst ein Viertel von etwas zweifel-haftem Ruf, ist heute hübsch restauriert. Die mit Ziegelsteinen gepflasterten Straßen werden von Gaslaternen erhellt, in die teilweise im viktorianischen Stil erbauten Häuser sind Restaurants und kleine Geschäfte eingezogen.

Ein wahrer Publikumsmagnet ist das originelle Einkaufszentrum **Horton** **Plaza** (East St./3rd Ave.), das sich über mehrere Straßenzüge erstreckt. In dem formen- und farbenfrohen Bau sind rund 200 Geschäfte, Restaurants, Cafés, Kinos und ein Hotel untergebracht.

Für Freunde der Seefahrt lohnt sich ein Spaziergang zum **Hafen**. Drei Oldtimer-Schiffe, der Dreimastsegler ›Star of India‹, die Fähre ›Berkeley‹ und die luxuriöse Jacht ›Medea‹, liegen als Museumsschiffe des **Maritime Museum of San Diego** (1492 N. Harbor Dr., Tel. 619/234-91 53, www.sdmaritime.com, tgl. 9–21 Uhr) nördl. der B Street Pier vor Anker.

Am südl. Abschnitt der Innenstadt-Waterfront befinden sich das moderne

Kongresszentrum und die riesige *Marina* für Freizeitkapitäne. Außerdem bietet hier **Seaport Village** ein attraktives Ambiente mit Geschäften und Restaurants im Stil eines neuenglischen Seebades.

Balboa Park ❸

Das knapp 5 km² große Terrain des Balboa Park (www.balboapark.org) schließt sich unmittelbar nördl. an Downtown an. Bereits 1868 reservierten fortschrittliche Stadtväter das Gelände für den zukünftigen Park. Anlässlich der Panama-California-Weltausstellung von 1915 und für die Internationale California-Pacific-Ausstellung von 1935 wurden die dem spanischen Kolonial-Barockstil nachempfundenen Gebäude errichtet, u. a. der 60 m hohe **California Tower**. Konzerthallen, Theatersäle und zahlreiche Museen sind in den umliegenden Gebäuden untergebracht, darunter das **San Diego Museum of Art** (1450 El Prado, Tel. 619/232-79 31, www.sdmart.org, Di–So 10–18, Do 10–21 Uhr) mit Gemälden alter europäischer Meister. Ferner gibt es ein Automuseum sowie Museen zur Geschichte des Flugzeugs und der Modelleisenbahn.

Besonders interessant ist das **San Diego Museum of Man** (1350 El Prado, Tel. 619/239-20 01, www.museumofman.org, tgl. 10–16.30 Uhr), welches den frühen Kulturen der Welt gewidmet ist.

Für Erwachsene und Kinder gleichermaßen spannend ist das **Reuben H. Fleet Science Center** (1875 El Prado, Tel. 619/

Goldesel erwünscht! Shopping-Gelüste im Einkaufszentrum Horton Plaza

238-12 33, www.rhfleet.org, Mo–Do 9.30–17, Fr/Sa 9.30–20, So 9.30–18 Uhr). Es präsentiert naturwissenschaftliche Experimente, animiert zum Mitmachen und liefert beeindruckende Filme zum Thema Weltraum auf einer konkav geformten Riesenleinwand.

Olé! Spanischer Neobarockstil bestimmt die Bauten im Balboa Park von San Diego

Graue Riesen im Visier

In den Sommermonaten tummeln sie sich im Arktischen Meer zwischen Alaska und Sibirien. Zum Herbst brechen dann Tausende von **Grauwalen** in mildere Regionen auf. Nach einer 10 000 km langen Reise gebären die Weibchen in den warmen küstennahen Gewässern der mexikanischen Baja California ihre Jungen. Ab Februar geht es mit den Jungtieren dann wieder zurück nach Norden.

Auf ihrem Zug entlang der Pazifikküste Kanadas und der USA kann man die bis zu 40 t schweren Meeressäuger bei **Walbeobachtungstouren** live erleben: Zwischen **Point St. George** bei Crescent City im Norden Kaliforniens und **Point Loma** im Süden des Bundesstaates bei San Diego kann man Bootstrips buchen, die verschiedene Veranstalter in den Küstenorten in der Zeit von Mitte Dezember bis Ende Januar und im März anbieten. Dann sieht man – hoffentlich – die grauen Riesen in unmittelbarer Nähe vor sich auftauchen und gewaltige Wasserfontänen in die Luft spritzen.

Guten Flug: springende Orcas und weitere Attraktionen erlebt der Besucher in Sea World, dem größten Ozeanarium der Welt

Die populärste Attraktion des Volksparks ist aber zweifelslos der **San Diego Zoo** (2920 Zoo Drive, Balboa Park, Tel. 619/234-31 53, www.sandiegozoo.org, sommers tgl. 9–21 Uhr, sonst tgl. 9–16 Uhr), einer der bedeutendsten Zoologischen Gärten der USA. Er wird bewohnt von 4000 Tieren, die in einer ihrer natürlichen Umwelt nachgestalteten Landschaft leben, etwa im zentralafrikanischen Regenwald oder in der Antarktis. In *Escondido* – nordöstl. von San Diego – beherbergt ein Ableger des Zoos, der **San Diego Wild Animal Park** (15500 San Pasqual Valley Road, Tel. 760/747-87 02, Öffnungszeiten wie Zoo), weitere 2500 Tiere. Hier leben Nashörner, Giraffen, Tiger und Wildpferde in Freigehegen.

Coronado ④

Gegenüber von Downtown liegt die Halbinsel Coronado, die man über eine hohe Brücke erreicht, welche die San Diego Bay überspannt. Vom Scheitelpunkt der **Coronado Bridge** (nicht anhalten!) hat man einen herrlichen Blick auf die Stadt, den Hafen und die Bay sowie auf die ausgedehnten Anlagen der US-Marine im Norden der Halbinsel. Die Hauptattraktion sind die breiten **Strände** am Pazifik sowie das ehrwürdige, überwiegend aus Holz erbaute **Hotel Del Coronado**, das Präsidenten, Schauspieler und gekrönte Häupter auf seiner Gästeliste hat und bereits in dem legendären Billy-Wilder-Film ›Some Like It Hot‹ (1959) ne-

ben Marilyn Monroe eine Hauptrolle spielte. Vom Strand in Coronado aus kann man die gegenüberliegende südl. Spitze der Halbinsel von *Point Loma* erkennen. Dort soll der in spanischen Diensten stehende portugiesische Kapitän Cabrillo im Jahr 1542 gelandet sein, um das Land für seinen fernen König zu reklamieren. Das *Cabrillo National Monument* erinnert an dieses 460 Jahre zurückliegende Ereignis.

Mission Bay ⑤

Die Mission Bay nördl. des San Diego River mit ihren fünf kleinen Inseln und zahlreichen kleinen Buchten ist ein beliebtes *Freizeitparadies*. Hier wird gebadet, gesegelt und gesurft. In den Strandorten **Mission Beach** und **Pacific Beach** herrscht eine quirlige, lebensfrohe Stimmung.

Am Südufer der Bucht begeistert das größte Ozeanarium der Welt. **Sea World San Diego** (12 SeaWorld Drive, Tel. 619/226-39 01, www.seaworld.com, häufig wechselnde Öffnungszeiten, Kernzeiten tgl. 9/10–18 Uhr) bietet perfekte Shows mit Orcas, Delphinen, Ottern und Seelöwen und lockt damit seit Jahren Millionen von Zuschauern an. Kritikern dieser Tierevents hält der gigantische Meereszoo sein erfolgreiches Pflege- und Aufzuchtprogramm für *bedrohte Tierarten* entgegen. Unbedingt teilnehmen sollte man an einem Spaziergang durch den gläsernen Tunnel, der durch ein *Haifischbecken* führt.

Abonnement für Sonnenschein: Strandglück in San Diego

La Jolla ⑥

Die Reihe der schönen **Strände** setzt sich nach Norden fort. La Jolla, der gediegen-entspannte Küstenvorort an der Pazifikküste 20 km nördl. von San Diego **TOP TIPP** kann mit der geschützten **La Jolla Cove** einen der besten Bade- und Tauchplätze von Kalifornien vorweisen.

ℹ Praktische Hinweise

Information

San Diego Convention & Visitors Bureau, 2215 India St., San Diego, Tel. 619/232-31 01, Fax 619/232-17 07, www.sandiego.org – **Visitors Information Center**, 1040 ⅓ W. Broadway/Embarcadero, nahe Harbour Dr., Tel. 619/236-12 12

Flughafen

San Diego International Airport (SAN), Lindbergh Field, N. Harbor Drive, San Diego, Tel. 619/231-21 00, www.san.org. Taxis und Shuttle Minibusse fahren von der Central Plaza des Airports in die Innenstadt von San Diego. Airport-Busse halten vor jedem Terminal.

Stadtrundfahrten

Coach America San Diego, 3888 Beach St., San Diego, Tel. 619/477-86 87, www.coachamerica.com. Stadtrundfahrten und Ausflüge, u. a. nach Tijuana.

Old Town Trolley Tours, 4010 Twiggs St., San Diego, Tel. 619/298-86 87, www.trolleytours.com. Verbindet auf einer Rundstrecke Balboa Park, Horton Plaza, Gaslamp Quarter, Seaport Village, Old Town und Coronado. Wer will, kann zwischendurch aussteigen und mit einem der nächsten Busse weiterfahren.

San Diego Harbor Excursion, 1050 N. Harbor Dr., San Diego, Tel. 619/234-41 11, www.sdhe.com. Ein- und zweistündige Hafenrundfahrten, u. a. durch den riesigen Marinestützpunkt.

Kultur live

Zahlreiche **Theater**, **Oper**, **Ballett** und **Orchester**, diverse **Kinos**, **Discos** und **Bars** bieten Unterhaltung für jeden Geschmack. Event-Infos: www. sandiego.

citysearch.com. Die Programmzeitschrift ›San Diego Reader‹ (www.sdreader.com) liegt an vielen Orten kostenlos aus, in der Freitagsausgabe der Tageszeitung ›San Diego Union-Tribune‹ (www.signon sandiego.com) findet man eine aktuelle Wochenübersicht.

Arts Tix, Horton Plaza, San Diego, Tel. 619/497-50 00, www.sandiegoperforms. com. Theater- und Musical-Tickets zum halben Preis für Aufführungen am selben Abend.

Hotels

Luxusklasse

Del Coronado, 1500 Orange Ave., Coronado, San Diego, Tel. 619/435-66 11, Fax 619/522-82 38, www.hoteldel.com. Hotelklassiker am Strand mit illustren Gästen, hat als Filmkulisse Berühmtheit erlangt.

Elsbree House, 5054 Narragansett Ave., Mission Bay, Tel. 619/226-41 33, www.bbinob.com. Gemütliche Unterkünfte im Bed & Breakfast Stil.

Horton Grand, 311 Island Ave., Downtown, San Diego, Tel. 619/544-18 86, Fax 619/239/38 23, www.hortongrand.com. Elegantes Hotel mit Geschichte.

Mittelklasse

La Jolla at the Shores, 7955 La Jolla Shores Dr., La Jolla, Tel. 858/459-02 61, Fax 858/459-76 49, www.hotellajolla.com. Elegante Herberge, Zimmer mit Meeresblick. Obere Preisklasse.

Easy way of life: In San Diego genießt man auf die leichte Art

Preiswerte Klasse

Little Italy Hotel, 505 West Grape St., Downtown, Tel. 619/230-16 00, Fax 619/230-03 22, www.littleitalyhotel.com. Modernes Hotel in altem Gebäude, angenehm und mit Frühstück.

HI San Diego Point Loma, 3790 Udall St., Ocean Beach, Tel. 619/223-47 78, Fax: 619/223-18 83, www.sandiegohostels.org. Einfache Herberge nicht weit vom Strand, mit Doppel- und Mehrbettzimmer, Frühstück inklusive.

Restaurants

Baleen, 1404 Vacation Rd., Mission Bay, Tel. 858/490-63 63. Eines der besten Fischrestaurants der Westküste, wo das Essen allerdings auch seinen Preis hat.

Brockton Villa, 1235 Coast Blvd., La Jolla, Tel. 858/454-73 93. Diverse Frühstücks- und Lunchvariationen, leckerer Kaffee.

Dumpling Inn, 4619 Convoy St., San Diego, Tel. 858/268-96 38. Das familäre Lokal bietet köstliche Shanghai-Küche.

El Agave, 2304 San Diego Ave.,Old Town, San Diego, Tel. 619/220-06 92. Wunderbar gewürzte Gerichte und eine Tequila-Bar mit einer bemerkenswerten Auswahl.

The Waterfront, 2044 Kettner Blvd., Little Italy, Tel. 619/232-96 56. Traditionsbar in Wassernähe mit leckerem Snackmenü, von Chilisuppe bis zu guten Burgern. Günstig.

41 Carlsbad

Pazifikstrände, riesige Blumenfelder und Heilwasser.

Das *Mineralwasser*, das dem gemütlichen Seebad den Namen gab – es hat die gleiche Zusammensetzung wie jenes im tschechischen Heilbad Karlsbad – wird, in Flaschen abgefüllt, zum Verkauf angeboten. Ansonsten nutzen die Urlauber eher das Wasser des Pazifik – zum Baden und Wellenreiten. Nette Geschäfte laden ein, die gepflasterten Straßen von Carlsbad entlangzuschlendern. Blumenfreunde pilgern im Frühling zu den riesigen **Flower fields** am Rande des Ortes: Dann steht nämlich der Hahnenfuß (*Rannunculus*) in voller Blüte.

Ein Besuchermagnet für Familien mit kleineren Kindern ist das **Legoland California** (1 Legoland Drive, Tel. 790/918-53 46, www.legoland.com, Juni–Aug. tgl. 10–17 Uhr, sonst in der Regel Do–Mo 10–17 Uhr, z. T. wechselnd), ein Ableger des dänischen Kinderparks.

ℹ️ Praktische Hinweise

Information

Carlsbad Visitors & Convention Bureau, Old Santa Fe Railroad Station, 400 Carlsbad Village Dr., Carlsbad, Tel. 760/434-60 93, Fax 760/434-60 56, www.visitcarlsbad.com

Hotel

Beach Terrace Inn, 2775 Ocean St., Carlsbad, Tel. 760/729-59 51, www.beachterraceinn.com. Direkt am Strand, viele Zimmer mit Kochnische. Frühstück und Internetzugang inkl. Mittlere Preisklasse.

Restaurants

Fidels Norte, 3003 Carlsbad Blvd., Carlsbad, Tel. 760/729-09 03. Mexikanische Spezialitäten und schöne Terrasse.

Vivace, Four Seasons Resort, 7100 Four Seasons Point, Carlsbad, Tel. 760/603-37 73. Sehr gute italienische Gerichte.

42 Oceanside

Einsame Pazifikstrände und Erinnerung an spanische Zeiten.

Die Pier und der Strand von Oceanside sind bei Anglern und Surfern gleichermaßen beliebt. Zu den Geheimtipps bei Wellenreitern und Schwimmern gehört der benachbarte einsame Strand vor dem Militärgelände Camp Pendleton.

Die Spanier gründeten hier 1798 die **Mission San Luis Rey de Francia** (4050 Mission Ave., www.sanluisrey.org, tgl. 10–16 Uhr) als 18. Missionskirche an der kalifornischen Küste. Die weithin sichtbare weiße Kirche ist noch heute Zentrum einer katholischen Gemeinde. Sie wurde von indianischen Künstlern ausgeschmückt.

ℹ️ Praktische Hinweise

Information

Oceanside Chamber of Commerce, 928 N. Coast Hwy., Oceanside, Tel. 760/722-15 34, Fax 760/722-83 36, www.oceansidechamber.com

Heilwasser und Hahnenfuß: Strandfreunde und Blumenfans kommen nach Carlsbad

43 Tijuana

Jenseits der Stadtgrenze von San Diego liegt schon Mexiko.

Mit der Straßenbahn *San Diego Trolley* gelangt man in 40 Min. zur Endstation *San Ysidro* an der mexikanischen Grenze. Ein kurzer Fußweg durch verwinkelte Grenzanlagen, und man ist in Mexiko – genauer in Tijuana (zur Einreise genügt der Reisepass). Die Grenzstadt mit etwa 2 Mio. Einwohnern und vielen Produktionsstätten von US-Betrieben zieht viele Amerikaner an, sie kommen, um hier günstig einzukaufen. entlang der Hauptstraße **Avenida de la Revoluciòn** reihen sich Märkte, Souvenirläden und Restaurants aneinander. Aber auch Sehenswürdigkeiten werden geboten. So zeigt das **Centro Cultural Tijuana** (Paseo de los Héros/Mina, tgl. 11–21 Uhr) eine interessante Multimedia-Show über die Kultur Mexikos. Exponate von präkolumbianischen Kulturen bis zu den Wandgemälden Diego Riveras zeigen die Schätze Mexikos. Eine Omnimax-Kinoleinwand zeigt Kulturfilme.

ℹ️ Praktische Hinweise

Information

Tijuana Tourism Board, Grenzübergang tgl. ab 8 Uhr, sonst Plaza Viva Tijuana, tgl 8–22 Uhr, Tel. (Vorwahl aus den USA: 0 11-52) 664/973-04 24, www.seetijuana.com

Kalifornien aktuell A bis Z

Vor Reiseantritt

ADAC Info-Service:
Tel. 018 05/10 11 12, Fax 018 05/30 29 28
(0,14 €/Min.)

ADAC im Internet:
www.adac.de
www.adac.de/reisefuehrer

Kalifornien im Internet:
www.visitcalifornia.com
www.vusa-germany.de

Der ADAC versendet an Mitglieder auf Anfrage ein **Tourset USA** mit Reiseinformationen und Übersichtskarten (*State maps*), sowie eine Bonuskarte (*Show Your Card & Save*) des US-Partnerclubs AAA, die bei Hotels und Sehenswürdigkeiten häufig zu Preisermaßigungen verhilft.

California Travel and Tourism Commission, 980 9th St., Sacramento, Tel. 916/444-44 29, Fax 916/444-04 10

Allgemeine Informationen

Reisedokumente

Für einen Aufenthalt bis zu 90 Tagen benötigt jeder Reisende einen maschinenlesbaren bordeauxroten **Reisepass**, der mindestens für die Dauer des Aufenthaltes gültig ist. Reisepässe, die zwischen dem 26.10.2005 und dem 25.10.2006 ausgestellt wurden, müssen ein digitales Lichtbild enthalten. Ab dem 26.10.2006 ausgestellte Reisepässe müssen über biometrische Daten in Chipform verfügen (biometrische Pässe).

Zur Einreise benötigt werden außerdem ein Rückreise- oder weiterführendes Ticket und das Formular zur Befreiung von der Visumpflicht, das man vor dem Flug oder an Bord erhält. Von allen Reisenden wird bei Einreise ein digitaler Abdruck der Zeigefinger und ein digitales Porträtfoto gefertigt. Abstecher nach Kanada und Mexiko sind visumfrei möglich. Ein *Visum* wird nur benötigt, wenn man sich länger als drei Monate in den USA aufhalten möchte bzw. über kein Rückflugticket verfügt. Bereits im Flugzeug werden **Zoll-** und **Einreiseformulare** ausgefüllt, in die man Angaben zur Person und eine Aufenthaltsadresse in den USA (z. B. ein Hotel) einträgt. Der Grenzbeamte (Immigration officer) stempelt die maximal zulässige Aufenthaltsdauer in den

◁ **Von links oben im Uhrzeigersinn:**
Diesem glücklichen Land im Westen der USA mangelt es an nichts: hübsche Herbergen, reiche Auswahl, exotisches Essen, sportliche Spiele, humorvolle Leute, fröhliche Feste

Pass (in der Regel drei Monate) und heftet einen Abschnitt des Einreiseformulars dazu. Vor dem Rückflug nach Europa wird das Einreiseformular aus dem Pass entnommen.

Kfz-Papiere

Bis zu einem Jahr Aufenthalt genügt der nationale Führerschein, es wird jedoch empfohlen, den Internationalen Führerschein zusätzlich mitzubringen.

Krankenversicherung

Es empfiehlt sich dringend, eine Auslandskrankenversicherung abzuschließen, die eventuell vor Ort anfallenden Behandlungskosten (mit Kreditkarte zu begleichen) werden dann zu Hause gegen Beleg erstattet.

Zollbestimmungen

In die USA kann man pro Person zollfrei Geschenke im Wert von 100 $ sowie 200 Zigaretten, 50 Zigarren oder 1 Liter alkoholische Getränke einführen. Die Einfuhr von frischen Lebensmitteln, Pflanzen, Waffen und pornographischem Material ist verboten.

Auf dem Rückflug nach Europa liegen die Zollfreigrenzen pro Person bei 200 Zigaretten, 100 Zigarillos, 50 Zigarren oder 250 g Rauchtabak, 50 g Parfüm, 1 l Spirituosen über 22% oder 2 l mit weniger als 22 % Alkohol.

Geld

Die nationale Währung ist der *US-Dollar* ($), unterteilt in 100 Cents (c). Es gibt Geldscheine zu 1, 5, 10, 20, 50 und 100 $

sowie Münzen zu 1 cent (*Penny*), 5 c (*Nickel*), 10 c (*Dime*) und 25 c (*Quarter*). Die gängigen **Kreditkarten** (Mastercard, VISA, AmEx) werden von allen Hotels, den meisten Restaurants, Geschäften und Tankstellen angenommen, von Autovermietern sogar verlangt. Telefonische Reservierungen von Eintrittskarten, Fährtickets, Hotelzimmern u.ä. sind nur unter Angabe der Kreditkartennummer möglich. Auch **Maestro-Karten** (EC-Karten) können zur Bargeldabhebung benutzt werden. Mit auf US-$ ausgestellten **Reiseschecks** kann man in den USA wie mit Bargeld bezahlen.

Für den Reisealltag in den USA hat sich die Kombination aus **Kreditkarte**, **Reiseschecks** (in einer Stückelung von 50 $) und **Bargeld** am besten bewährt. Mit Geldscheinen bis max. 20 $ und ausreichend Münzen für die zahlreichen Automaten kommt man unterwegs gut zurecht. Abends geben kleine Geschäfte auf Scheine oder Schecks über 20 $ manchmal kein Wechselgeld heraus.

Tourismusämter im Land

Tourismusbüros, *Visitor Centers* oder *Visitor Bureaus* der einzelnen Orte sind unter den jeweiligen ›**Praktischen Hinweisen**‹ im Haupttext aufgeführt.

Automobilclubs

Beim **AAA (American Automobile Association**, kurz ›Triple A‹ genannt) bzw. seinen kalifornischen Unterorganisationen bekommen ADAC-Mitglieder gegen Vorlage des Clubausweises kostenlos Landkarten, Stadtpläne (*City maps*) und Tourenbücher (*Tour books*). Büros (Mo–Fr 9–17 Uhr) gibt es in vielen Orten. Zentrale Adressen sind:

California State Automobile Association, 150 Van Ness Ave., San Francisco, Tel. 415/565-20 12

Automobile Club of Southern California, 2601 South Figueroa St., Los Angeles, Tel. 213/741-36 86
Info-Tel. zum Straßenzustand: 800/427-76 23

Notrufnummern

Polizei, Feuerwehr, Ambulanz: Tel. 9 11

Operator/Telefonvermittlung: Tel. 0 (Auskunft, auch Hilfe in Notfällen)

AAA Pannenhilfe: Tel. 800/222-43 57

ADAC Notrufstation USA:
Tel. 888/222-13 73 (deutschsprachig)

ADAC Notrufzentrale München:
Tel. 011 49/89/22 22 22 (rund um die Uhr)

ADAC Ambulanzdienst München:
Tel. 011 49/89/76 76 76 (rund um die Uhr)

Österreichischer Automobil Motorrad und Touring Club
ÖAMTC Schutzbrief Nothilfe:
Tel. 011 43/(0)1/251 20 00

Touring Club Schweiz
TCS Zentrale Hilfsstelle:
Tel. 011 41/(0) 224 17 22 20

Sehr viele touristische Einrichtungen, aber auch öffentliche Gebäude, Restaurants, Verkehrsmittel etc. sind in Kalifornien *behindertengerecht* ausgestattet. Umfassende Informationen für Reisende mit körperlichen Einschränkungen sind erhältlich bei:

SATH, 347 Fifth Ave, Suite 610, New York, NY 10016, Tel. 212/447-72 84, Fax 212/447-19 28, www.sath.org

Diplomatische Vertretungen

Deutschland
Botschaft der USA, Konsularabteilung, Clayallee 170, 14195 Berlin, Tel. 01 90/85 00 55, www.us-botschaft.de

Österreich
Botschaft der USA, Konsularabteilung, Parkring 12, 1010 Wien, Tel. 01/31 33 90, Visa-Info: 09 00/51 03 00, Fax 01/512 58 35, www.usembassy.at

Schweiz
Botschaft der USA, Jubiläumsstr. 93, 3005 Bern, Tel. 0 31/3 57 70 11, Visumauskunftsdienst: 09 00/87 84 72, Fax 0 31/3 57 73 98, http://bern.usembassy.gov

USA
Deutsches Generalkonsulat, 1960 Jackson St., San Francisco, CA 94109, Tel. 415/775-10 61, Fax 415/775-01 87, www.germany.info/sanfrancisco

Deutsches Generalkonsulat, 6222 Wilshire Blvd., Suite 500, Los Angeles, CA 90048, Tel. 323/930-27 03, Fax 323/930-28 05, www.germany.info/losangeles

Österreichisches Generalkonsulat, 11859 Wilshire Blvd., Suite 501, Los Angeles, CA 90025, Tel. 310/444-93 10, 310/473-47 21, Fax 310/477-98 97, www.austria-la.org

Österreichisches Honorarkonsulat, 220 Montgomery St., Suite 931, San Fran-

cisco, CA 94104, Tel. 415/951-89 11,
Fax 415/951-88 09

Schweizer Generalkonsulat,
456 Montgomery St., Suite 1500,
San Francisco, CA 94104,
Tel. 415/788-22 72, Fax 415/788-14 02,
www.eda.admin.ch/sf

Schweizer Generalkonsulat,
11766 Wilshire Blvd., Suite 1400,
Los Angeles, CA 90025, Tel. 310/575-11 45,
Fax 310/575-19 82, www.eda.admin.ch/la

Gesundheit

Rezeptpflichtige Arzneimittel sind nur in *Pharmacies* erhältlich, sonstige Medizin und Naturheilprodukte kauft man im Supermarkt. Persönliche Medikamente sollte man mitnehmen, da europäische Produkte in den USA u. U. nicht in gleicher Rezeptur oder Dosierung erhältlich sind.

Besondere Verkehrsbestimmungen

In den USA gelten strikte **Tempolimits**, im Allgemeinen max. 75 Meilen pro Stunde (*miles per hour*, mph) = 121 km/h auf den Überlandautobahnen (*Interstates*), 55 mph (88 km/h) auf Landstraßen, 25–30 mph (40–48 km/h) innerorts, 15 mph (24 km/h) vor Schulen.

An **Straßen** unterscheidet man Autobahnen (*Interstates*, I), überregionale Bundesstraßen (*US Highways*, US), Staatsstraßen (*State Routes*, SR) und Landstraßen (*County Roads*, CR). **Autobahnausfahrten** können auch von der linken Fahrspur abzweigen, zudem ist das **Überholen** auf der rechten Seite erlaubt. In Kurven, an Kreuzungen und kurz vor einer Anhöhe ist das Überholen grundsätzlich verboten. **Ampeln** arbeiten ohne die Signalfarbe Gelb. Wenn es der Verkehr erlaubt, darf man bei Rot nach kurzem Stopp rechts abbiegen, es sei denn, der Hinweis *No turn on red* verbietet dies. Bei Stoppschildern mit dem Zusatz *4-Way-Stop* halten Verkehrsteilnehmer aller Richtungen kurz an, bevor sie der Reihenfolge ihrer Ankunft nach weiter fahren.

An Bushaltestellen und Hydranten gilt absolutes **Parkverbot**, ebenso an roten Bordkanten. Gelb-schwarze Streifen markieren Ladezonen. Sehr streng nimmt man es auch mit den *Tow-Away Zones*, jedes hier geparkte Fahrzeug wird rigoros abgeschleppt. **Schulbusse** mit seitlich ausgefahrenem Stoppschild und eingeschalteter Warnblinkanlage dürfen in keiner Fahrtrichtung passiert werden.

Alkoholische Getränke müssen im Kofferraum verstaut werden. Die **Promillegrenze** liegt streng genommen bei 0,0. Prinzipiell ist es verboten, unter Alkoholeinfluss ein Fahrzeug zu führen (DUI, *driving under the influence*). Dennoch: Es gibt einen Grenzwert von 0,8. Aufgrund der rigorosen Anwendung von Alkoholtest und Blutprobe ist von der Verbindung Alkohol und Autofahren aber generell abzuraten.

Hinweis: Man bleibt im Falle einer **Polizeikontrolle** im Auto sitzen! Man öffnet das Wagenfenster, lässt die Hände sichtbar am Lenkrad und wartet auf die Anweisungen des Polizeibeamten.

Sicherheit

In ländlichen Gebieten, in den Naturparks und den geschäftigen Großstadtzentren ist die Gefährdung durch Kriminalität eher gering, was aber keineswegs zu Unachtsamkeit verleiten sollte. Nach Einbruch der Dunkelheit können sich die Verhältnisse jedoch schnell ändern. Kann man z. B. tagsüber völlig gefahrlos durch Venice Beach laufen, kann es dort nachts unsicher werden. Man sollte entsprechende Warnungen ernst nehmen. Oftmals grenzen als sicher geltende und zwielichtige Stadtviertel aneinander. Wenn es plötzlich unheimlich wird, kehrt man besser um.

Stromspannung

Amerikanische Stromnetze haben 110-Volt-Wechselspannung. Rasierer, Fön, Ladegeräte o. ä. müssen daher umschaltbar sein, außerdem benötigt man einen Adapter mit flachen Kontakten (Amerikastecker).

Maße und Gewichte

1 inch (in.) = 2,54 cm
1 foot (ft.) = 12 in. = 30,48 cm
1 yard (yd.) = 3 ft. = 91,44 cm
1 mile (mi.) = 1760 yds. = 1,609 km
1 fluid ounce (fl. oz.) = 29,57 ml
1 pint (pt.) = 16 fl. oz. = 0,47 l
1 quart (qt.) = 2 pt. = 0,95 l
1 gallon (gl.) = 4 qt. = 3,79 l
1 ounce (oz.) = 28,35 g
1 pound = 16 oz. = 453,59 g

Zeit und Datum

An der amerikanischen Westküste gilt **Pacific Standard Time**, also Mitteleuropäische Zeit minus 9 Stunden. Um 12 Uhr mittags in San Francisco ist es in Mitteleuropa bereits 21 Uhr. **Sommerzeit** (*Daylight* *saving time)* gilt vom ersten Sonntag im März bis zum letzten Sonntag im November.

Die Angabe von **Uhrzeiten** folgt einer Unterteilung des Tages in zweimal zwölf Stunden. Der Zusatz ›a. m.‹ (ante meridiem) gilt bis mittags, die Angabe ›p. m.‹ (post meridiem) für die zweite Tageshälfte.

Beim **Datum** wird erst der Monat, dann der Tag und schließlich das Jahr angegeben, z.B. 8/6/08 steht für 6.8.2008.

■ Anreise

Viele *internationale Airlines* fliegen **San Francisco International** (SFO) [s. S. 35] und **Los Angeles International** (LAX) [s S. 103] an, einige – je nach Saison – auch **San Diego International** (SAN). [s S. 123]. Bei den meisten amerikanischen Fluggesellschaften muss man einen *Zwischenstopp* in den USA (z. B. New York, Chicago oder Atlanta) in Kauf nehmen.

Die *Deutsche Lufthansa* fliegt täglich nonstop von **Frankfurt** nach San Francisco und Los Angeles. Zur Hochsaison gibt es auch Charterflüge an die Westküste. Die **Flugzeit** beträgt ab Frankfurt etwa 11 Stunden.

Warten auf papierene Nahrung: Briefkasten-Siedlung in Sausalito

■ Bank, Post, Telefon

Bank

Öffnungszeiten: in der Regel Mo–Fr 9–17 Uhr. In kleineren Orten wird über Mittag geschlossen.

Post

Öffnungszeiten: in der Regel Mo–Fr 9–17 Uhr (in den größeren Städten 8–18 Uhr) und Sa 9–13 Uhr.

Postkarten nach Übersee kosten 75 c, leichtere Briefe 84 c. Sie sind per Luftpost etwa eine Woche unterwegs. Briefmarken sind, meist mit einem Aufschlag, auch in *Drugstores* oder im Hotel erhältlich.

Telefon

Internationale Vorwahlen
USA   001
Deutschland   011 49
Österreich   011 43
Schweiz   011 41

Die Telefonnummern in den USA bestehen aus einer dreistelligen Vorwahl (*Area code*) und einer siebenstelligen Rufnummer. Wählt man 0 meldet sich die Vermittlung (*Operator*), die auch bei Telefonproblemen weiterhilft. Innerorts meldet sich die **Auskunft** in der Regel unter Tel. 411, ansonsten unter Tel. 5 55-12 12.

Öffentliche Telefone (*Pay phones*) sind in den USA ausgesprochen häufig. Sie funktionieren jedoch fast nur noch bargeldlos mit Telefon- oder Kreditkarte. **Ortsgespräche** (siebenstellige Rufnummer ohne Vorwahl) kosten gewöhnlich 35 c. Bei **Ferngesprächen** mit Münztelefonen wählt man zunächst die 1, dann Vorwahl und Rufnummer. Eine Computerstimme nennt dann die Gesprächsgebühren, die man anschließend einwirft. Rufnummern mit den Vorwahlen 800, 888 und 877 sind **gebührenfrei** (*Toll free*). Die Vorwahl 700 ist nicht gebührenfrei, sondern meist extrem teuer.

Auf dem Tastentelefon stehen über den Ziffern 2–9 **Buchstaben**: 2 = ABC, 3 = DEF, 4 = GHI, 5 = JKL, 6 MNO, 7 = PQRS, 8 = TUV, 9 = WXYZ. Damit umschreiben Firmen ihre Telefonnummern durch leicht einprägsame Buchstabenkombinationen, z. B. lautet der Notruf des Automobilclubs AAA: 800/AAA-HELP = 800/222-43 57.

Viele Geschäfte und Tankstellen in den USA verkaufen **Telefonkarten** (*Prepaid phone cards*), mit denen man innerhalb Amerikas oder nach Übersee am preisgünstigsten telefoniert.

Am teuersten sind **R-Gespräche** (*Collect calls*), bei denen die angerufene Person in Europa die Gebühren übernimmt. Sie erfolgen über Tel. 18 00/292-00 49.

Die in Europa verbreiteten **GSM-Dual-Band-Mobiltelefone** funktionieren in den USA nicht. Mit **Tri-Band-Geräten**, die sowohl den europäischen Standard von 1800 MHz als auch den Standard der USA von 1900 MHz unterstützen, ist man auch in den USA erreichbar. Außerdem kann man zu Hause bei seinem Netzbetreiber oder in den USA ein US-taugliches *Cellular Phone* mieten.

■ Einkaufen

Öffnungszeiten

In den USA gibt es keine gesetzlich vorgeschriebenen Öffnungszeiten (*Business hours*). Supermärkte haben gewöhnlich täglich 8–22 Uhr geöffnet, manche sogar rund um die Uhr. Die großen Einkaufszentren (*Shopping Malls*) sind in der Regel Mo–Sa 10–21, So 10–18 Uhr geöffnet.

Mitbringsel

Typische Kalifornien-Mitbringsel sind **Schnitzereien** aus Redwood-Holz, kalifornischer **Wein** und **Kunsthandwerk** aus **Mexiko**, das im Süden des Staates überall angeboten wird.

Wenngleich man viele Produkte in den USA zu günstigen Preisen erstehen kann, ist die Kenntnis des heimischen Preisniveaus wichtig. Denn Computer und Zubehör, Kameras und CDs sind oftmals gleich teuer, wenn sie nicht gerade zu Sonderkonditionen angeboten werden.

Die *Factory Outlet Centers* (Direktverkauf ab Hersteller) an Ausfallstraßen oder Autobahnabfahrten bieten Markenware oft mit erheblichen Rabatten an. Beim Kauf von Kleidung und Schuhen lässt sich fast immer Geld sparen – und legendär sind die Jeans-Preise in San Francisco.

Hinweis: DVDs mit der Ländercode-Nummer 1 sind für das Abspielen in den USA bestimmt und können außerhalb der USA nur auf sog. Regio-Free-Playern gespielt werden. Nur wenn der Code auf 2 (Europa) oder 0 (worldwide) lautet,

können die Silberlinge problemlos auf europäischen Wiedergabegeräten benutzt werden.

Steuern

Preisangaben verstehen sich fast immer **netto**, zur Rechnungssumme kommt also zusätzlich die Sales Tax (um die 8,25 %). Die Abgaben bei Hotelzimmern differieren und können bis zu 14 % des Netto-Zimmerpreises ausmachen!

■ Essen und Trinken

Frühstück

Das traditionelle **amerikanische Frühstück** (*American breakfast*) ist sehr reichhaltig und besteht aus Eiern nach Wunsch, als Rührei (*Scrambled*), einfach oder beidseitig gebratenes Spiegelei (*Sunny side up* bzw. *Overeasy*). Dazu gibt es wahlweise gebratene Würstchen (*Sausages*), Speck (*Bacon*) oder Schinken (*Ham*) sowie geschnetzelte Bratkartoffeln (*Hash browns*). Ferner hat man die Wahl zwischen Toast mit Marmelade oder Pfannkuchen (*Pancakes*) mit Sirup. Kaffee wird gratis nachgeschenkt (*Refill*), frisch gepressten Orangensaft gibt es auf Wunsch. Alternativ hierzu besteht das *Continental breakfast* nur aus Toast oder Gebäck (häufig *English muffins* oder *Bagels*) mit Kaffee. Manche Hotels und Bed & Breakfast-Unterkünfte bieten ein Frühstücksbüffet.

Mittagessen

Das Mittagessen – *Lunch* – spielt in den USA eine untergeordnete Rolle und ist kaum mehr als ein zweites Frühstück in Form eines Sandwiches, eines Salates oder einer Suppe. In den Geschäftsvierteln der Städte tauchen ab etwa 11 Uhr silberblitzende Imbissfahrzeuge auf, an denen man sich gut verköstigen kann. Sie bieten außer frisch zubereiteten Sandwiches oft auch kleinere warme Speisen (Hot Dogs, Burgers, Tacos) an.

Abendessen

Das Abendessen – *Dinner* – ist die Hauptmahlzeit der Amerikaner, die gewöhnlich zwischen 18 und 20 Uhr eingenommen wird. Um die Kunden zusätzlich auch zu anderen Zeiten anzulocken, bieten manche Lokale ab 16 Uhr ›*Early bird specials*‹ an. Man erhält dann z.B. zwei Menüs zum Preis von einem oder kann sich am Buffet

Wo bleibt der Test-Schluck?

In vino veritas oder Die Wahrheit über wahren Wein-Genuss

Was die traditionsbewussten Kelterer in Frankreich sich nie hätten träumen lassen, passierte vor etwa 20 Jahren: Bei einer Degustation in Paris landeten die **kalifornischen Weine** auf den vorderen Plätzen, neben hochklassigen Tropfen aus Burgund und Bordeaux, die jahrhundertelang als Inbegriff der Traubenveredlung galten.

Im **Napa Valley** (Napa = indianisch ›Land des Überflusses‹) hatten die Winzer Mitte der 1960er-Jahre in großem Stil damit begonnen, auf ausgezeichneten Böden – und durch das kalifornische Klima begünstigt – aus europäischen Rebsorten Spitzenweine zu keltern: vor allem **Cabernet Sauvignons**, aber auch **Merlot-, Syrah-, Cabernet-Franc-** und **Pinot-Noir-**Weine. **Chardonnay** gilt neben Sorten wie **Chenin Blanc** oder **Sauvignon Blanc** als Favorit unter den Weißweinen. Von schwankender Erntequalität sind die kalifornischen Weinproduzenten seit langem verschont geblieben: Die 1990er-Jahre bescherten ihnen sogar eine Rekordlese nach der anderen.

Rund 1,5 Mio Besucher fahren jährlich über den Hwy. 29, die etwa 50 km lange Weinstraße, welche durch **Napa**, **Yountville**, **Oakville**, **Rutherford**, **St. Helena** und **Calistoga** führt. Zu den Attraktionen des Napa Valley gehört das **Rhine House** im historischen Fachwerk-Stil, das vor 100 Jahren von den Mainzer Brüdern Jakob und Friedrich Beringer errichtet wurde. Noch heute residiert die renommierte Firma Beringer dort. Man kann an Führungen teilnehmen – und natürlich den köstlichen Rebensaft probieren.

Doch nicht nur im Tal des Napa River, wo auf engstem Raum über 200 große und kleine Weingüter liegen, wird ein wunderbarer Tropfen hergestellt, sondern auch im **Sonoma Valley**, das sich 165 Winzer teilen. Bereits im Jahr 1857 wurde die **Buena Vista Winery** am Ortsrand von Sonoma gegründet. Sie gilt als die älteste Kellerei Kaliforniens.

unbeschränkt oft bedienen (›All you can eat‹). Neben den gängigen amerikanischen Gerichten wie Burger oder Steak wird oft **California Cuisine** angeboten, leichte Kost mit viel frischem Gemüse in Anlehnung an französische bzw. italienische Küche [s. S. 37]. Überall im Land ist frisches **Seafood** erhältlich (oft Tintenfisch, *Shrimps, Red Snapper* und *Mahi Mahi*). Weit verbreitet sind auch mexikanische Speisen *(Tacos, Enchilladas, Quesadillas)*. In den Städten ist die Palette fremdländischer **Spezialitätenlokale** – am häufigsten findet man chinesische und italienische Restaurants – sehr umfangreich.

Geht man in den USA ins Restaurant, setzt man sich nicht nach eigenem Belieben an einen freien Tisch, sondern es gilt die Regel ›Please wait to be seated‹. Man wird vom Personal (*Waiter* oder *Waitress*) am Eingang empfangen und zu einem Tisch geleitet. *Water* – Eiswasser – gibt es gratis, und es ist völlig in Ordnung, wenn Gäste nichts anderes zu trinken bestellen. Bleibt von den Speisen etwas übrig und man will es mitnehmen, lässt man sich die Reste ganz selbstverständlich in einen *Doggiebag* packen.

Alkohol

Generell ist der Verkauf bzw. Ausschank von Alkohol an Personen unter 21 Jahren verboten. Wer entsprechend jung aussieht, muss einen Ausweis mit Bild vorweisen. Alkoholkonsum in der Öffentlichkeit ist nicht gern gesehen, häufig sogar verboten und an Stränden und in Parks strikt untersagt.

Kalifornische Supermärkte bieten meist eine große Vielfalt regionaler Weine und Biere an. Spirituosen sind in *Liquor stores* erhältlich. **Kalifornische Weine** von Spitzenqualität werden auch außerhalb der traditionellen Anbaugebiete im Napa Valley und Sonoma Valley produziert. Selbst große Namen des bordelaiser Weinbaus (Rothschild, Moueix) machen sich mit überseeischen Dépendancen um den Ruf des kalifornischen Weins verdient. **Bier** ist in Flaschen oder Dosen einzeln, im *Sixpack* und in Kneipen frisch gezapft als *Draft* bzw. *On tap* erhältlich. Außerdem gibt es in Kalifornien viele Kneipen- bzw. Kleinbrauereien *(Brewpubs* und *Micro breweries)*.

Trinkgeld

Das Trinkgeld *(Tip, Gratuity)* ist im Dienstleistungsbereich für viele ein wesentlicher Bestandteil der Einkünfte. Generell sind 15 % vom Rechungsbetrag üblich. Im Restaurant lässt man den Betrag entweder auf dem Tisch liegen oder trägt ihn auf der Kreditkartenabrechnung ein. Zimmermädchen *(Room maids)* im Hotel erhalten 1–2 $ pro Tag, Gepäckträger *(Porters)* oder Pagen *(Bell boys)* 1 $ pro Gepäckstück, 1–2 $ gibt man für das Fortbringen des Wagens *(Valet parking)*.

 ## Feste und Feiern

Feiertage

Neujahr (1. Januar), Martin Luther King Jr. Birthday (3. Mo im Jan.), President's Day (Geburtstag George Washingtons, 3. Mo im Febr.), Ostermontag, Memorial Day (letzter Mo im Mai), Independence Day (Unabhängigkeitstag, 4. Juli), Labor Day (Tag der Arbeit, 1. Mo im Sept.), Admission Day (Tag des Eintritts Kaliforniens in die Union, 9. Sept.), Columbus Day (2. Mo im Okt.), Veteran's Day (11. Nov.), Thanksgiving (Erntedankfest, letzter Do im Nov.), Christmas Day (25. Dez.).

Feste

Januar

Pasadena: Tournament of Roses Parade and Football Game (1. Jan.), www.tournamentofroses.com

Februar

San Francisco, Los Angeles: Chinesisches Neujahrsfest mit großem Umzug in den jeweiligen Chinatowns (1. Monatsdrittel), www.chineseparade.com

Coachella Valley bei Indio: Dattelfest mit Pferde- und Kamelrennen (Mitte Febr.), www.datefest.org

Monströs: Chinesisches Neujahrsfest

April

Bodega Bay: Fisherman's Festival (Anfang April), www.bbfishfest.com

Mai

Kalifornien: Parade zum *Cinco de Mayo* in Orten mit hispanischer Bevölkerung, vor allem in *San Francisco, Los Angeles, San Diego* (5.–12. Mai)

San Francisco: Karneval im hispanischen Mission District (Memorial-Day-Wochenende)

Juni

Kalifornien: Lesbian and Gay Freedom Day Parade in den Großstädten, am eindrucksvollsten in *San Francisco* (letztes Juni-Wochenende), www.sfpride.org

Juli

Kalifornien: Independence Day mit Feiern in allen Städten und mit dem schönsten Feuerwerk in *Pasadena* (4. Juli)

Los Angeles: Internationales Surf-Festival in Hermosa Beach, Manhattan Beach, Torrance und Redondo mit Wettbewerb im Sandburgen- und Skulpturenbau (Ende Juli), www.surffestival.org

Gilroy bei Monterey: Garlic Festival rund um den Knoblauch mit Musik und Tanz (letztes Wochenende im Juli), www.gilroy garlicfestival.com

Sonoma Valley: Sonoma County Showcase of Wine and Food, viertägiges Weinfest (Mitte Juli), www.sonomawine.com

August

Santa Barbara: Old Spanish Days Fiesta (Anfang August), www.oldspanishdays-fiesta.org

September

Los Angeles: Los Angeles County Fair, große Messe mit breitem Unterhaltungsprogramm (Ende Sept.), www.lacountyfair.com

San Diego: Cabrillo Festival mit historischen Aufführungen (Ende Sept.), www.nps.gov

Oktober

Kalifornien: Halloween-Feiern überall mit besonders ausgelassenem Fest der Gay Community in *San Francisco* (31. Okt.)

Dezember

Newport und San Diego: Parade beleuchteter Schiffe im Hafen (Anf. Dez.), www.sdparadeoflights.org

Klima und Reisezeit

Das Klima in Kalifornien präsentiert sich recht unterschiedlich: Während im Frühjahr die Pässe über die Sierra Nevada noch gesperrt sind, schmort man wenige Autostunden weiter südwestl. bereits am Strand in der Sonne. Und selbst im Winter, wenn der Norden zugeschneit ist, genießen die Bewohner des Südens warme Sonnentage.

Vom *Frühjahr* bis in den *Herbst* herrscht im gesamten Gebiet Kaliforniens wunderbares Reisewetter, wobei es allerdings im südl. Inland sehr heiß werden kann. Generell muss mit starken Klimaveränderungen gerechnet werden, wenn man von der Küste landeinwärts fährt oder große Höhenunterschiede überwindet. Während in *San Francisco* und der *Bay Area* im Frühjahr und Herbst wärmeres Wetter herrscht als im Sommer, schwanken in *San Diego* die Durchschnittstemperaturen im Jahresverlauf minimal zwischen 18 und 24 °C. Niederschläge sind dort sehr selten. Nicht umsonst heißt es: *»It never rains in Southern California«* – zumindest für den Süden Kaliforniens trifft das meistens zu!

Temperaturangaben erfolgen in den USA in Fahrenheit.

Umrechnungsformel von Celsius in Fahrenheit: $F = 1,8 \times °C + 32$, z. B. $20 °C = 68 F$

Klimadaten San Francisco

Monat	Luft (°C) min./max.	Wasser (°C)	Sonnen-std./Tag	Regen-tage
Januar	8/13	11	5	11
Februar	9/15	11	7	10
März	9/16	12	8	10
April	10/17	12	9	6
Mai	11/17	13	10	3
Juni	12/18	14	11	1
Juli	12/18	15	9	1
August	12/18	15	8	1
September	13/21	16	9	1
Oktober	12/20	15	8	4
November	11/18	13	6	8
Dezember	9/15	11	5	11

Klimadaten Los Angeles

Monat	Luft (°C) min./max.	Wasser (°C)	Sonnen-std./Tag	Regen-tage
Januar	8/18	14	7	6
Februar	9/19	14	8	5
März	10/20	15	9	6
April	12/21	15	8	4
Mai	13/23	16	9	1
Juni	15/25	18	9	1
Juli	17/29	19	11	1
August	18/29	20	11	1
September	16/28	19	9	1
Oktober	14/25	18	7	2
November	12/23	17	8	4
Dezember	9/20	15	8	5

Kultur live

Kalifornien bietet ein überaus *großes Kulturangebot*. Neben den Metropolen San Francisco und Los Angeles mit Theatern, Orchestern, Opern und Festivals gibt es auch in vielen kleinen Orten Events.

Events

März

Eureka: Redwood Coast Dixieland Jazz Festival (letztes März-Wochenende), www.redwoodjazz.org

Juni

Pasadena: Chalk-it-up-Festival, bei dem Kunstwerke mit Kreide auf öffentliche Plätze gezeichnet werden (Anfang Juni), www.pasadenachalkfestival.com

Juli

Laguna Beach: Festival of Arts and Pageant of the Masters, ›Lebende Bilder‹ nach klassischen Kunstwerken (Anfang Juli–Ende Aug.), www.foapom.com

September

San Diego: Musikfest im Gaslamp Quarter (Anfang September)

Sausalito: Sausalito Art Festival mit 180 Künstlern und zahlreichen Bands (Labor-Day-Wochenende), www.sausalito artfestival.org/

Monterey: Monterey Jazz Festival (3. Wochenende im Sept.), www.montereyjazz festival.org

Santa Catalina Island: Catalina Island Jazz Trax Festival (Ende Sept.–Anf. Okt.), www.jazztrax.com

November

San Diego: Dixieland Jazz Festival (Ende Nov., am Thanksgiving-Wochenende), www.dixielandjazzfestival.org

■ Sport

Sport ist der liebste Zeitvertreib der Kalifornier. Überall sieht man Menschen joggen, radfahren oder inlineskaten. Doch auch Fallschirmspringen, Ballonfahren, Drachen- oder Segelfliegen sind en vogue.

Angeln

An den Flüssen des Nordens und an der Küste gibt es unzählige Gelegenheiten, die Angelrute auszuwerfen. Über die jeweiligen Reglementierungen – meist ist eine Lizenz *(Fishing license)* erforderlich – kann man sich vor Ort informieren. Von vielen kalifornischen Häfen werden außerdem spannende Hochseeangeltouren *(Deep sea fishing)* angeboten.

Fahrradfahren

Radtouren bieten sich weniger in den Großstädten als in ländlichen Regionen wie den *Weinanbaugebieten* nördl. von San Francisco oder den *State Parks* bzw. *National Parks* an. Räder (und Zubehör wie Helme und Gepäcktaschen) werden an vielen Orten vermietet.

Golf

Da Golf in den USA ein Breitensport ist, findet man öffentliche Golfplätze in vielen Orten. Luxushotels und Clubs verfügen über eigene Anlagen. Die Ausrüstung ist meist vor Ort zu mieten.

Kayaking und Rafting

Auf den Flüssen Nordkaliforniens und der Sierra Nevada ist *Kayaking* bzw. *River Rafting* ein beliebter Sport. In zahlreichen Orten in Flussnähe kann man Boote mieten oder von dort aus an organisierten Touren teilnehmen. Besonders beliebt sind der *Klamath River*, der *American River* und der *Kern River* am Rande der Sierra Nevada.

Klettern

Fast überall in der Sierra Nevada, der Coast Range, den diversen National Forests sowie in den National Parks bieten sich hervorragende Möglichkeiten zum Klettern und Bergsteigen.

Tennis

Öffentliche Tennis Courts finden sich in vielen Orten Kaliforniens und können oft gratis benutzt werden. Auch Vereine sind gegenüber Gastspielern offen.

Gigantisch: Golfen in Pebble Beach

Wandern

Hiking gehört zu den beliebtesten *Outdoor activities*. Ob in den Bergen des Nordens, in den State bzw. National Parks oder in den Wüstengebieten – überall finden sich gut markierte *Trails*, die oft auch mit naturkundlichen Informationen ausgestattet sind.

Wassersport

Schwimmen, Surfen und *Tauchen* im Pazifik sind nicht ohne Gefahren. Das Wasser ist an der Küste *Nordkaliforniens* oberhalb von Monterey fast immer eiskalt, und es gibt viele tückische Strömungen. Im *Süden* locken kilometerlange Strände und kräftige Wellen. Über die möglichen Risiken von Brandung, Strömung und von Haien informieren die *Life guards*. Schnorcheln und Flaschentauchen ist besonders in der *Bucht von Monterey*, vor *La Jolla* bei San Diego und rings um die *Channel Islands* beliebt, da hier Meeresfauna und -flora in ihrer ursprünglichen Form erhalten sind. In den Naturschutzgebieten ist das Tauchen allerdings reglementiert. Wer gerne *segelt*, kann in vielen Häfen Boote mieten oder auf Charter-Jachten mitfahren. Auch Exkursionen per Motorboot oder Mietboote werden angeboten. Vor allem in Südkalifornien gibt es Gelegenheiten zum *Wasser-* und *Heli-Skifahren*. Vermietet werden auch *Wasser-Scooter*.

Wintersport

In den höheren Lagen der *Sierra Nevada* um den *Lake Tahoe* gibt es Skigebiete mit allen Service-Einrichtungen (Squaw Valley, Alpine Meadows, Heavenly, Kirkwood Meadows). Auch anderswo lockt der Schnee: im Norden bei *Mount Lassen* und *Mount Shasta*, in der südl. Sierra Nevada in der *Mammoth Mountain Ski Area* und im Gebiet um *Big Bear Lake*. Die nötige Ausrüstung gibt es zu mieten.

Zuschauersport

In Kalifornien sind hochkarätige Teams der beliebtesten amerikanischen Sportarten beheimatet. In der **Major League Baseball** spielen die *Anaheim Angels*, *San Francisco Giants*, die *L.A. Dodgers*, die *Oakland A's* und die *San Diego Padres*. Zur **National Basketball Association** gehören die *L.A. Lakers*, die *L. A. Clippers*, die *Sacramento Kings* und die *Golden State Warriors*. Drei Teams sind für die **National Football League** qualifiziert: die *Oakland Raiders*, die *San Francisco 49ers* und die *San Diego Chargers*. Die Spiele dieser Mannschaften sind oft ausverkauft, frühzeitige Ticketreservierung ist ratsam.

▪ Statistik

Lage: Kalifornien ist der südwestlichste Bundesstaat der USA und wird im Süden von Mexiko, im Osten von Arizona und Nevada, im Norden von Oregon und im Westen vom Pazifischen Ozean begrenzt.

Fläche: Kalifornien hat eine Fläche von 411 000 km^2. Die Nord-Süd-Ausdehnung beträgt 1300 km, die größte Ost-West-Ausdehnung 320 km, die Pazifikküste ist ca. 2000 km lang. Kalifornien ist der viertgrößte US-Bundesstaat.

Bevölkerung: Kalifornien hat gut 36 Mio. Einwohner (12 % der US-Population), die zumeist in Ballungsräumen der San Francisco Bay (6,9 Mio.), in Greater Los Angeles (16 Mio.) und im Raum San Diego (2,4 Mio.) leben. Der Norden und Osten des Staates sind nur dünn besiedelt. Unter den ethnischen Minoritäten machen Hispanics (32 %) und Asiaten (11 %) die größten Gruppen aus. Der Süden des Staates ist heute zweisprachig, da hier viele Immigranten aus Mittel- und Südamerika leben.

Verwaltung: An der Spitze des Staates steht ein Gouverneur, die politischen Abstimmungen finden im Senat und im Repräsentantenhaus in Sacramento statt.

Wirtschaft: Kaliforniens Wirtschaft wächst seit Jahren stärker als die im Rest der USA. Fahrzeugbau, Elektronik- und Computerindustrie südl. von San Francisco, Luft- und Raumfahrtfirmen sowie Unterhaltungsindustrie im Raum Los Angeles, die Bauwirtschaft und das Dienstleistungsgewerbe sorgen für teils enormen Wohlstand. In den zentralen Valleys wird mit gewaltigem Wassereinsatz eine äußerst ertragreiche Landwirtschaft betrieben. Sie trägt allerdings nur 2 % zum Bruttoinlandsprodukt Kaliforniens bei, und die dort beschäftigten Landarbeiter verdienen nur einen Bruchteil des gesetzlich vorgeschriebenen Mindestlohns.

▪ Unterkunft

Hotels und Motels

Kalifornien bietet zahlreiche Hotels aller Klassen und Preisniveaus. Die Preise verstehen sich im allgemeinen für ein Doppelzimmer. Gegen geringen Aufschlag können häufig auch weitere Personen im Zimmer übernachten. *Wochenendrabatte* werden in großen Städten häufig gewährt.

ADAC- bzw. AAA-Mitglieder erhalten *Sondertarife* (nach ›Triple A rates‹ fragen!).

Auch abseits größerer Städte finden sich viele Hotels und Motels, oft in der Nähe von Autobahnausfahrten.

Bed & Breakfast

Die kleinen Bed & Breakfast-Herbergen mit privater Atmosphäre erfreuen sich großer Beliebtheit. Infos gibt es bei:

California Association of Bed & Breakfast Inns, 2715 Porter St., Soquel, CA 95073, Tel. 831/462-9191, Fax 831/462-0402, www.cabbi.com

Camping

In allen landschaftlich reizvollen Gegenden Kaliforniens und in der Nähe der Städte gibt es private Campingplätze. Daneben unterhält der Staat eigene *Camp grounds* in State bzw. National Parks, wo man häufig auch Hütten (*Cabins*) buchen kann.

Das Preisniveau bewegt sich zwischen 5 $ und 30 $ pro Nacht. 400 private Plätze sind im kostenlosen *California Camping and RV Guide* der California Travel Parks Association verzeichnet:

California Travel Parks Association, Box 5648, Auburn, CA 95604, Tel. 530/885-1624, Fax 530/823-6331, www.camp-california.com

California State Parks Communications Office, P. O. Box 942896, Sacramento, CA 94296, Tel. 916/653-6995, www.parks.ca.gov

National Park Reservation Service, Call Center, Tel. 800/365-2267, (Yosemite N. P., Tel. 800/436-7275)

Country Inns

Country Inns sind größer als B & Bs und ähneln kleinen Landhotels. Sie zeichnen sich durch rustikale, elegante Atmosphäre aus. In vielen Häusern herrscht Rauchverbot.

Jugendherbergen

Für die Buchung von Jugendherbergen – meist in kleineren Orten gelegen – ist ein *Internationaler Jugendherbergsausweis* erforderlich. Ihn und eine Liste der amerikanischen Herbergen gibt es bei:

Deutsches Jugendherbergswerk, Bismarckstr. 8, 32756 Detmold, Tel. 05231/74010, Fax 05231/740149, www.djh.de

■ Verkehrsmittel im Land

Öffentlicher Nahverkehr

In den meisten kalifornischen Städten ist der öffentliche Nahverkehr wenig entwickelt. *Los Angeles* z. B. hat nur ein dürftiges Busnetz und vier U-Bahn-Strecken. Besser steht es in *Sacramento* und *San Diego* mit gutem Bus-, Straßenbahn- bzw. Trolley-System. Allein *San Francisco* hat ein hervorragendes Verkehrsnetz. Busse, Straßenbahnen, Cable Cars, Fähren und U-Bahnen sind bis spät in die Nacht im Einsatz.

Bahn

Mehrere Transkontinentalstrecken der Eisenbahn enden in Kalifornien, nämlich in Oakland und Los Angeles. An der Pazifikküste verbindet der *Coast Starlight* Los Angeles mit Seattle. Zwischen San Diego und Oceanside verkehrt der *Coaster*, *Amtrak* unterhält einige Verbindungen zu den wichtigsten Städten.

Bus

Die legendären **Greyhound** Busse (www.greyhound.com) bedienen fast alle Städte und Orte Kaliforniens. Wer Kalifornien per Bus erkunden will, ist mit einem *DiscoveryPass* gut beraten, der unbegrenzte Fahrten (7–30 Tage) auf allen Busstrecken ermöglicht. Info:

STA Travel, Hardenbergstr. 9, 10623 Berlin, Tel. 069/74303292, www.statravel.de

Mietwagen und Wohnmobile

Am besten erkundet man Kalifornien mit Leihwagen oder Wohnmobil. Für Mitglieder bietet die **ADAC-Autovermietung-GmbH** günstige Bedingungen, Buchungen über ADAC-Geschäftsstellen oder unter Tel. 01805/318181 (0,14 €/Min.). Der Fahrer des Gefährts muss 21 Jahre alt sein, einen Führerschein vorweisen und mittels Kreditkarte eine Kaution hinterlegen. Wer mit dem **Wohnmobil** reist, wird nur in abgelegenen Gegenden oder an einigen *Truck stops* über Nacht parken können. Auf vielen Parkplätzen, in vielen Orten und in den National Parks heißt es ›No overnight parking‹.

Sprachführer

Englisch für die Reise

◾ Das Wichtigste in Kürze

Ja/Nein	*Yes/No*
Bitte/Danke	*Please/Thank you*
In Ordnung./Einver-standen.	*All right./Agreed.*
Entschuldigung!	*Excuse me!*
Wie bitte?	*Pardon?*
Ich verstehe Sie nicht.	*I don't understand you*
Ich spreche nur wenig Englisch.	*I only speak a little English.*
Können Sie mir bitte helfen?	*Can you help me, please?*
Das gefällt mir/ Das gefällt mir nicht.	*I like that/ I don't like that.*
Ich möchte ...	*I would like ...*
Haben Sie ...?	*Do you have ...?*
Gibt es ...?	*Is there ...?*
Wie viel kostet das?/ Wie teuer ist ...?	*How much is that?*
Kann ich mit Kredit-karte bezahlen?	*Can I pay by credit card?*
Wie viel Uhr ist es?	*What time is it?*
Guten Morgen!	*Good morning!*
Guten Tag!	*Good morning!/ Good afternoon!*
Guten Abend!	*Good evening!*
Gute Nacht!	*Good night!*
Hallo! Grüß Dich!	*Hello!*
Wie ist Ihr Name, bitte?	*What's your name, please?*
Mein Name ist ...	*My name is ...*

Ich bin Deutsche(r).	*I am German.*
Ich bin aus Deutschland.	*I come form Germany.*
Wie geht es Ihnen?	*How are you?*
Auf Wiedersehen!	*Good bye!*
Tschüs!	*See you!*
gestern/heute/ morgen	*yesterday/today/ tomorrow*
am Vormittag/ am Nachmittag	*in the morning/ in the afternoon*
am Abend/ in der Nacht	*in the evening/ at night*
um 1 Uhr/ 2 Uhr ...	*at one o'clock/ at two o'clock ...*
um Viertel vor (nach) ...	*at a quarter to (past) ...*
um ... Uhr 30	*at ... thirty*
Minuten/Stunden	*minutes/hours*
Tage/Wochen	*days/weeks*
Monate/Jahre	*months/years*

◾ Wochentage

Montag	*Monday*
Dienstag	*Tuesday*
Mittwoch	*Wednesday*
Donnerstag	*Thursday*
Freitag	*Friday*
Samstag	*Saturday*
Sonntag	*Sunday*

◾ Monate

Januar	*January*
Februar	*February*
März	*March*
April	*April*
Mai	*May*
Juni	*June*
Juli	*July*
August	*August*
September	*September*
Oktober	*October*
November	*November*
Dezember	*December*

◾ Zahlen

0	*zero*	20	*twenty*
1	*one*	21	*twenty-one*
2	*two*	22	*twenty-two*
3	*three*	30	*thirty*
4	*four*	40	*forty*
5	*five*	50	*fifty*
6	*six*	60	*sixty*
7	*seven*	70	*seventy*
8	*eight*	80	*eighty*
9	*nine*	90	*ninety*
10	*ten*	100	*a (one) hundred*
11	*eleven*		
12	*twelve*	200	*two hundred*
13	*thirteen*	1 000	*a (one) thousand*
14	*fourteen*		
15	*fifteen*	2 000	*two thousand*
16	*sixteen*	10 000	*ten thousand*
17	*seventeen*	1 000 000	*a million*
18	*eighteen*	½	*a (one) half*
19	*nineteen*	¼	*a (one) quarter*

◾ Maße

Kilometer	*kilometre*
Meter	*metre*
Zentimeter	*centimetre*
Kilogramm	*kilogramme*
Pfund	*pound*
Gramm	*gramme*
Liter	*litre*

Unterwegs

Nord/Süd/West/Ost	north/south/west/east
geöffnet/geschlossen	open/closed
geradeaus/links/rechts/zurück	straight on/left/right/back
nah/weit	near/far
Wie weit ist es?	How far is it?
Wo sind die Toiletten?	Where are the toilets?
Wo ist die (der) nächste ...	Where is the nearest ...
Telefonzelle/	pay phone/
Bank/Post/	bank/post office/
Polizeistation/	police station/
Geldautomat?	automatic teller?
Wo ist ...	Where is the ...
der Hauptbahnhof/	main train station/
die U-Bahn/	subway station/
der Flughafen?	airport, please?
Wo finde ich ein(e, en)?	Where can I find a ...
Apotheke/	pharmacy/
Bäckerei/	bakery/
Fotoartikel/	photo shop/
Kaufhaus/	department store/
Lebensmittelgeschäft/	food store/
Markt?	market?
Ist das der Weg/die Straße nach ...?	Is this the way/the road to ...?
Gibt es einen anderen Weg?	Is there another way?
Ich möchte mit ...	I would like to go to ... by ...
dem (der)	
Zug/Schiff/Fähre/	train/ship/ferry/
Flugzeug	airplane.
nach ... fahren.	
Gilt dieser Preis für Hin- und Rückfahrt?	Is this the round trip fare?
Wie lange gilt das Ticket?	How long will the ticket be valid?
Wo ist ...	Where is ...
das Tourismusbüro/	the tourist office/
ein Reisebüro?	a travel agency?
Ich benötige eine Hotelunterkunft.	I need hotel accommodation.
Wo kann ich mein Gepäck lassen?	Where can I leave my luggage?
Ich habe meinen Koffer verloren.	I lost my suitcase.

Zoll, Polizei

Ich habe etwas/nichts zu verzollen.	I have something/nothing to declare.
Nur persönliche Dinge.	Only personal belongings.
Hier ist die Kaufbescheinigung.	Here is the receipt.

Hier ist mein(e) ...	Here is my ...
Geld/	money/
Pass/	passport/
Personalausweis/	ID card/
Kfz-Schein/	certificate of registration/
Versicherungskarte.	car insurance card.
Ich fahre nach ...	I'm going to ...
und bleibe	to stay there for
... Tage/Wochen.	... days/weeks.
Ich möchte eine Anzeige erstatten.	I would like to report an incident.
Man hat mein(e, en)…	They stole my ...
Geld/	money/
Tasche/	bag/
Papiere/	papers/
Schlüssel/	keys/
Fotoapparat/	camera/
Koffer/	suitcase/
Fahrrad gestohlen.	bicycle.
Verständigen Sie bitte das/die Deutsche Konsulat/Botschaft.	Please contact the German consulate/embassy.

Freizeit

Ich möchte ein ...	I would like to rent a ...
Fahrrad/	bicycle/
Motorrad/	motorcycle/
Surfbrett/	surf board/
Mountainbike/	mountain bike/
Boot/	boat/
Pferd ...	horse.
mieten.	
Gibt es ein(en)	Is there a ...
Freizeitpark/	theme park/
Freibad/	outdoor swimming pool/
Golfplatz/	golf course/
Strand ...	beach ...
in der Nähe?	in the area?
Wann hat ... geöffnet?	What are the opening hours of ...?

Bank, Post, Telefon

Ich möchte Geld wechseln.	I would like to change money.
Brauchen Sie meinen Ausweis?	Do you need my passport?
Wo soll ich unterschreiben?	Where should I sign?
Ich möchte eine Telefonverbindung nach ...	I would like to have a telephone connection with ...
Wie lautet die Vorwahl für ...?	What is the area code for ...?
Wo gibt es ...	Where can I get ...
Telefonkarten/	phone cards/
Briefmarken?	stamps?

Tankstelle

Wo ist die nächste Tankstelle?	*Where is the nearest petrol station?*
Ich möchte ...	*I would like ...*
Gallonen ...	*gallions of*
Super/Diesel / bleifrei.	*premium/diesel/ unleaded.*
Volltanken, bitte.	*Fill it up, please.*
Bitte, prüfen Sie ...	*Please check the ...*
den Reifendruck/	*tire pressure/*
den Ölstand/	*oil level/*
den Wasserstand/	*water level/*
das Wasser für die Scheibenwisch-anlage/	*water in the wind-screen wiper system/*
die Batterie.	*battery.*
Würden Sie bitte ...	*Would you please ...*
den Ölwechsel/	*change the oil/*
den Radwechsel vornehmen/	*change the tires/*
die Sicherung austauschen/	*change the fuse/*
die Zündkerzen erneuern/	*replace the spark plugs/*
die Zündung nachstellen?	*adjust the ignition?*

Panne

Ich habe eine Panne.	*My car's broken down.*
Der Motor startet nicht.	*The engine won't start.*
Ich habe die Schlüssel im Wagen gelassen.	*I left the keys in the car.*
Ich habe kein Benzin/ Diesel.	*I've run out of gas/ diesel.*
Gibt es hier in der Nähe eine Werkstatt?	*Is there a garage nearby?*
Können Sie mein Auto abschleppen?	*Could you tow my car?*
Können Sie mir einen Abschleppwagen schicken?	*Could you send a tow truck?*
Können Sie den Wagen reparieren?	*Could you repair my car?*
Bis wann?	*By when?*

Mietwagen

Ich möchte ein Auto mieten.	*I would like to rent a car.*
Was kostet die Miete ...	*How much is the rent ...*
pro Tag/	*per day/*
pro Woche/	*per week/*
mit unbegrenzter km-Zahl/	*including unlimited kilometres/*
mit Kasko-versicherung/	*including compre-hensive insurance/*
mit Kaution?	*with deposit?*

Wo kann ich den Wagen zurückgeben?	*Where can I return the car?*

Unfall

Hilfe!	*Help!*
Achtung!/Vorsicht!	*Attention!/Caution!*
Rufen Sie bitte schnell ...	*This is an emergency, please call ...*
einen Krankenwagen/	*an ambulance/*
die Polizei/	*the police/*
die Feuerwehr.	*the fire department.*
Es war (nicht) meine Schuld.	*It was (not) my fault.*
Geben Sie mir bitte Ihren Namen und Ihre Adresse.	*Please give me your name and address.*
Ich brauche die Angaben zu Ihrer Autoversicherung.	*I need the details of your car insurance.*

Krankheit

Können Sie mir einen guten Deutsch sprechenden Arzt/ Zahnarzt empfehlen?	*Can you recommend a good German-speaking doctor/ dentist?*
Wann hat er Sprech-stunde?	*What are his office hours?*
Wo ist die nächste Apotheke?	*Where is the nearest pharmacy?*
Ich brauche ein Mittel gegen ...	*I need medication for ...*
Durchfall/	*diarrhea/*
Halsschmerzen/	*a sore throat/*
Fieber/	*fever/*
Insektenstiche/	*insect bites/*
Verstopfung/	*constipation/*
Zahnschmerzen.	*toothache.*

Hotel

Können Sie mir bitte ein Hotel/eine Pension empfehlen?	*Could you please recommend a hotel/ Bed & Breakfast?*
Ich habe bei Ihnen ein Zimmer reserviert.	*I booked a room with you.*
Haben Sie ein ...	*Have you got a ...*
Einzel-/Doppel-zimmer ...	*single/double room ...*
mit Dusche/ Bad/WC?	*with shower/ bath/bathroom?*
für eine Nacht/	*for a night/*
für eine Woche?	*for a week?*
Was kostet das Zimmer	*How much is the room*
mit Frühstück/	*with breakfast/*
mit zwei Mahlzeiten?	*with two meals?*

Wie lange gibt es Frühstück?	How long will breakfast be served?
Ich möchte um … geweckt werden.	Please wake me up at …
Wie ist hier die Stromspannung?	What is the power voltage here?
Ich reise heute abend/ morgen früh ab.	I will depart tonight/ tomorrow morning.
Haben Sie ein Faxgerät/ einen Internetzugang/ einen Hotelsafe?	Have you got a fax machine/ internet access/ a hotel safe?
Akzeptieren Sie Kreditkarten?	Do you accept credit cards?

Restaurant

Wo gibt es ein gutes/ günstiges Restaurant?	Where is a good/ inexpensive restaurant?
Die Speisekarte/ Getränkekarte, bitte.	The menu/ the wine list, please.
Ich möchte das Tagesgericht/Menü (zu…)	I like the dish of the day (at …).
Welches Gericht können Sie besonders empfehlen?	Which of the dishes can you recommend?
Ich möchte nur eine Kleinigkeit essen.	I only want a snack.
Gibt es vegetarische Gerichte?	Are there vegetarian dishes?
Haben Sie offenen Wein?	Do you serve wine by the glass?
Welche alkoholfreien Getränke haben Sie?	What kind of soft drinks do you have?
Haben Sie Mineralwasser mit/ ohne Kohlensäure?	Do you have sparkling water/ noncarbonated water?
Das Steak bitte … englisch/medium/ durchgebraten.	The steak … rare/medium/ well-done, please.
Kann ich bitte … ein Messer/ eine Gabel/ einen Löffel haben?	May I have … a knife/ a fork/ a spoon, please?
Die Rechnung, bitte/ Bezahlen, bitte.	The bill, please.

Essen und Trinken

Abendessen	dinner
Ananas	pineapple
Apfelkuchen	apple pie
Bier	beer
Birnen	pears
Bratkartoffeln	fried potatoes
Brot/Brötchen	bread/rolls
Butter	butter
Ei	egg
Eier mit Speck	bacon and eggs
Eiscreme	ice-cream
Erbsen	peas
Erdbeeren	strawberries
Essig	vinegar
Fisch	fish
Fleisch	meat
Fleischsoße	gravy
Frühstück	breakfast
Gebäck	pastries
Geflügel	poultry
Gemüse	vegetable
Gurke	cucumber
Hähnchen	chicken
Hammelfleisch	mutton
Honig	honey
Hummer	lobster
Kaffee	coffee
Kalbfleisch	veal
Kartoffeln	potatoes
Kartoffelbrei	mashed potatoes
Käse	cheese
Kohl	cabbage
Kuchen	cake
Lachs	salmon
Lamm	lamb
Leber	liver
Maiskolben	corn-on-the-cob
Marmelade	jam
Mittagessen	lunch
Meeresfrüchte	seafood
Milch	milk
Mineralwasser	mineral water
Nieren	kidneys
Obst	fruit
Öl	oil
Pfannkuchen	pancakes
Pfeffer	pepper
Pfirsiche	peaches
Pilze	mushrooms
Pommes frites	french fries
Reis	rice
Reh/Hirsch	venison
Rindfleisch	beef
Rühreier	scrambled eggs
Sahne	cream
Salat	salad
Salz	salt
Schinken	ham
Schlagsahne	whipped cream
Schweinefleisch	pork
Sekt	sparkling wine
Suppe	soup
Thunfisch	tuna
Truthahn	turkey
Vanillesoße	custard
Vorspeisen	hors d'œuvres
Wein	wine
Weiß-/Rot-/Rosé- Wein	white/red/rosé wine
Würstchen	sausages
Zucker	sugar
Zwiebeln	onions

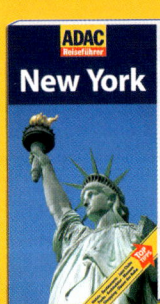

Register

Impressum

Redaktionsleitung: Dr. Dagmar Walden
Lektorat und Bildredaktion: Carin Pawlak
Aktualisierung: Thomas Paulsen
Karten: Mohrbach Kreative Kartographie, München
Herstellung: Martina Baur
Druck, Bindung: Firmengruppe APPL, sellier druck, Freising

Ansprechpartner für den Anzeigenverkauf:
Kommunalverlag GmbH & Co KG,
MediaCenterMünchen, Tel. 089/92 80 96 44

ISBN 978-3-89905-461-3

Gedruckt auf chlorfrei gebleichtem Papier

Neu bearbeitete Auflage 2008
© ADAC Verlag GmbH, München

Bildnachweis

Umschlag-Vorderseite: Berühmte Brücke, märchenhafte Metropole – Golden Gate Bridge und San Francisco. Foto: LOOK, München (Hauke Dressler)

Titelseite
Oben: Strandszene am Laguna Beach (Wh. von S. 106)
Mitte: Landschaft im Mount Tamalpais State Park (Wh. von S. 52 oben)
Unten: Flaniermeile in den Universal Studios von Hollywood (Wh. von S. 97 unten)

IFA, John Arnold Images: 6/7 – Holger Leue, San Francisco: 9 unten, 24, 26 unten links, 60, 66 oben, 76 unten, 78 unten, 79 oben, 100 Mitte links, 120, 124 oben rechts, 124 Mitte links, 130, 131 – Griffith Observatory, Los Angeles: 98 – laif, Köln: 9 oben, 10 unten, 20, 21, 22, 23 unten, 24/25, 26 oben, 28, 31, 35, 36 unten, 37, 40, 43, 44, 44/45, 47 (2), 48, 49, 50, 70/71, 79 unten, 80 unten, 81, 82, 124 oben links, 124 Mitte rechts, 124 unten rechts, 133 (Conrad Piepenburg), 99, 101 (Philippe Renault) – LOOK, München: 7, 8 Mitte, 8 unten, 10 oben, 11 (2), 16/17 (Christian Heeb) 19 (Hauke Dressler), 23 oben, 26 unten rechts, 27, 29, 32, 33 (2), 34, 36 oben, 38 (3) (Christian Heeb), 41 (Hauke Dressler), 42, 52 oben, 53, 54, 56, 57, 58, 58/59, 62, 64 (4), 65, 66 unten, 67, 68, 69, 72 oben, 73 (Christian Heeb), 74 (Florian Werner), 75, 76 oben (Christian Heeb), 77, 78 oben (Hauke Dressler), 80 oben, 82/83, 84 (Christian Heeb), 85 (Hauke Dressler), 86, 87, 88 (Christian Heeb), 90 (Hauke Dressler), 92 (Hendrik Holler), 95, 96 unten (Christian Heeb), 97 unten (Hauke Dressler), 98 unten (Christian Heeb), 107 (Ulli Seer), 108, 110 (Hauke Dressler), 111, 112, 112/113, 114, 115 (2), 116, 118, 119 (2) (Christian Heeb), 121, 122 (Hauke Dressler), 123, 124 unten links, 128 (Christian Heeb) – Mauritius Images/Superstock: 15 – Axel Pinck, Hamburg: 29, 107 – Süddeutscher Verlag/Bilderdienst, München: 12, 13 (2), 14, 15, 46 – Harald Walden, Düsseldorf: 8 oben, 30, 52 unten, 70 unten – Ernst Wrba, Sulzbach/Taunus: 6, 10 Mitte, 93 (2), 94, 96 oben, 97 oben, 100 oben, 100 Mitte rechts, 100 unten, 104, 105, 106 – Heinz Zak, A-Scharnitz: 72 unten

Für Ihren Urlaub: Die Reisemagazine vom ADAC.

Alle zwei Monate neu.